www.dongyangbooks.com

새로운 도서, 다양한 자료
동양북스 홈페이지에서 만나보세요!

홈페이지 활용하여 외국어 실력 두 배 늘리기!

―― 홈페이지 이렇게 활용해보세요! ――

1 도서 자료실에서 학습자료 및 MP3 무료 다운로드!

❶ 도서 자료실 클릭
❷ 검색어 입력
❸ MP3, 정답과 해설, 부가자료 등 첨부파일 다운로드
* 원하는 자료가 없는 경우 '요청하기' 클릭!

2 동영상 강의를 어디서나 쉽게! 외국어부터 바둑까지!

500만 독자가 선택한

가장 쉬운
독학 일본어 첫걸음
14,000원

가장 쉬운
독학 중국어 첫걸음
14,000원

가장 쉬운
프랑스어 첫걸음의 모든 것
17,000원

가장 쉬운
독일어 첫걸음의 모든 것
18,000원

가장 쉬운
스페인어 첫걸음의 모든 것
14,500원

버전업! 가장 쉬운
베트남어 첫걸음
16,000원

버전업! 가장 쉬운
태국어 첫걸음
16,800원

가장 쉬운
러시아어 첫걸음의 모든 것
16,000원

가장 쉬운
이탈리아어 첫걸음의 모든 것
17,500원

첫걸음 베스트 1위!

가장 쉬운
포르투갈어 첫걸음의 모든 것
18,000원

가장 쉬운
터키어 첫걸음의 모든 것
16,500원

버전업! 가장 쉬운
아랍어 첫걸음
18,500원

가장 쉬운
인도네시아어 첫걸음의 모든 것
18,500원

가장 쉬운
영어 첫걸음의 모든 것
16,500원

버전업! 굿모닝
독학 일본어 첫걸음
14,500원

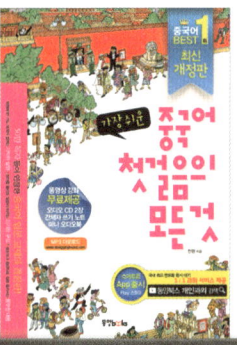

가장 쉬운
중국어 첫걸음의 모든 것
14,500원

동양북스
www.dongyangbooks.com
m.dongyangbooks.com

오늘부터는 팟캐스트로 공부하자!

팟캐스트 무료 음성 강의

▶1 iOS 사용자
Podcast 앱에서
'동양북스' 검색

▶2 안드로이드 사용자
플레이스토어에서 '팟빵' 등
팟캐스트 앱 다운로드,
다운받은 앱에서
'동양북스' 검색

▶3 PC에서
팟빵(www.podbbang.com)에서
'동양북스' 검색
애플 iTunes 프로그램에서
'동양북스' 검색

** 신규 팟캐스트 강의가 계속 추가될 예정입니다.

매일 매일 업데이트 되는 동양북스 SNS!
동양북스의 새로운 소식과 다양한 정보를 만나보세요.

blog.naver.com/dymg98
instagram.com/dybooks
facebook.com/dybooks
twitter.com/dy_books

합격을 위한 마무리 총점검
新 일본어 능력시험 실전 모의고사 N4

초판 3쇄 | 2017년 7월 15일

지은이 | 기쿠오카 구니코 · 정희순 · 박은숙
발행인 | 김태웅
편집장 | 강석기
편　집 | 신선정
디자인 | 방혜자, 이미영, 김효정, 서진희
마케팅 총괄 | 나재승
마케팅 | 서재욱, 김귀찬, 이종민, 오승수, 조경현
온라인 마케팅 | 김철영, 양윤모
제　작 | 현대순
총　무 | 한경숙, 안서현, 최여진, 강아담
관　리 | 김훈희, 이국희, 김승훈, 이규재

발행처 | 동양북스
등　록 | 제 10-806호(1993년 4월 3일)
주　소 | 서울시 마포구 동교로22길 12 (04030)
전　화 | (02)337-1737
팩　스 | (02)334-6624

http://www.dongyangbooks.com
m.dongyangbooks.com(모바일)

ISBN　978-89-8300-698-1　14730
ISBN　978-89-8300-694-1　14730 (세트)

▶ 본 책은 저작권법에 의해 보호를 받는 저작물이므로 무단 전재와 복제를 금합니다.
▶ 잘못된 책은 구입처에서 교환해드립니다.

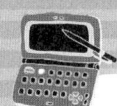
차례

새로운 일본어능력시험에 대해서	4
新일본어능력시험 문제 분석과 학습법	9
시험에 꼭 나오는 최다 출제 단어	24

新일본어능력시험 모의테스트 1
언어지식(문자·어휘)	31
언어지식(문법)·독해	37
청해	51

新일본어능력시험 모의테스트 2
언어지식(문자·어휘)	63
언어지식(문법)·독해	69
청해	83

모의테스트1 답안용지	93
모의테스트2 답안용지	97
모의테스트 정답	100
모의테스트1 번역	102
모의테스트1 청해 스크립트 및 번역	110
모의테스트2 번역	124
모의테스트2 청해 스크립트 및 번역	132

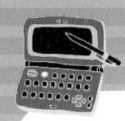# 새로운 일본어능력시험에 대해서

일본어능력시험은 일본어를 모국어로 하지 않는 사람의 일본어능력을 측정하고 인정하는 시험으로서 국제교류기금과 일본국제교육지원협회가 1984년부터 실시하고 있습니다. 2008년에는 전 세계에서 약 56만 명이 응시했습니다.

요즘 일본어능력시험 수험자들의 응시 목적이 실력측정과 함께 취업, 승진 등으로 변화하는 추세에 따라, 국제교류기금과 일본국제교육지원협회에서는 그동안의 일본어교육학이나 테스트이론의 연구 성과와 지금까지 축적된 시험결과의 데이터 등을 이용해 2010년부터 새로이 개정된 일본어능력시험을 실시하기로 했습니다.

＊ 개정 포인트

1. 레벨이 4단계에서 5단계로 늘어납니다.

레벨을 예전 시험의 4단계(1급, 2급, 3급, 4급)에서 5단계(N1, N2, N3, N4, N5)로 늘립니다. 바뀌는 시험의 레벨과 예전 시험의 급의 대응은 아래와 같습니다.

N1	예전 시험의 1급보다 약간 높은 수준입니다. 합격선은 예전 시험과 거의 같습니다. 폭넓은 장면에서 사용되는 일본어를 거의 이해할 수 있어야 합니다.
N2	예전 시험의 2급과 거의 같은 수준입니다. 일상적인 장면에서 사용되는 일본어의 이해를 넘어서 더 폭넓은 장면에서 사용되는 일본어를 어느 정도 이해할 수 있어야 합니다.
N3	예전 시험의 2급과 3급의 사이의 수준입니다. 일상적인 장면에서 사용되는 일본어를 어느 정도 이해할 수 있어야 합니다. (신설)
N4	예전 시험의 3급과 거의 같은 수준입니다. 기본적인 일본어를 거의 이해할 수 있어야 합니다.
N5	예전 시험의 4급과 거의 같은 수준입니다. 기본적인 일본어를 어느 정도 이해할 수 있어야 합니다.

＊「N」은「Nihongo(일본어)」,「New(새롭다)」를 나타냅니다.

2. 합격점 이상만 받으면 합격이었던 기존의 방식과 달리 시험 난이도에 따라 합격점 기준이 변하는 상대평가 방식으로 바뀝니다.

3. 청해의 비중이 기존 25%에서 33.3%로 높아집니다.

4. 과목별 낙제점이 신설되어, 각 과목의 득점 구분에서 기준점 이상을 받아야 합격입니다.

* 시험과목과 시험시간

각 레벨의 시험과목과 시험시간은 아래와 같습니다.

레벨	시험과목(시험시간)		
N1	언어지식(문자, 어휘, 문법), 독해 (110분)		청해 (60분)
N2	언어지식(문자, 어휘, 문법), 독해 (105분)		청해 (50분)
N3	언어지식(문자, 어휘) (30분)	언어지식(문법), 독해 (70분)	청해 (40분)
N4	언어지식(문자, 어휘) (30분)	언어지식(문법), 독해 (60분)	청해 (35분)
N5	언어지식(문자, 어휘) (25분)	언어지식(문법), 독해 (50분)	청해 (30분)

* 시험시간은 변경되는 경우가 있습니다. 또 청해는 시험문제 녹음의 길이에 따라 시험시간이 다소 바뀝니다.

N1과 N2의 시험과목은 ①언어지식(문자, 어휘, 문법), 독해, ②청해의 두 과목입니다. N3, N4, N5의 시험과목은 ①언어지식(문자, 어휘), ②언어지식(문법), 독해, ③청해의 세 과목입니다.

* 시험결과

(1) 시험결과의 표시

각 레벨의 득점 구분과 득점의 범위는 아래와 같습니다.

레벨	득점구분	득점범위
N1	언어지식(문자, 어휘, 문법)	0~60
	독해	0~60
	청해	0~60
	종합득점	0~180
N2	언어지식(문자, 어휘, 문법)	0~60
	독해	0~60
	청해	0~60
	종합득점	0~180
N3	언어지식(문자, 어휘, 문법)	0~60
	독해	0~60
	청해	0~60
	종합득점	0~180
N4	언어지식(문자, 어휘, 문법), 독해	0~120
	청해	0~60
	종합득점	0~180
N5	언어지식(문자, 어휘, 문법), 독해	0~120
	청해	0~60
	종합득점	0~180

N1, N2, N3의 득점 구분은 ①언어지식(문자, 어휘, 문법), ②독해, ③청해의 3구분입니다.
N4, N5의 득점 구분은 ①언어지식(문자, 어휘, 문법), 독해, ②청해의 2구분입니다.

＊ 자주 하는 질문

Q1 시험은 1년에 몇 번 실시됩니까?
A1 「N4, N5」는 12월에만, 「N1, N2, N3」는 7월과 12월 두 번입니다. 다만, 해외에서는 7월 시험을 실시하지 않는 나라나 지역이 있습니다. 자세한 것은 국제교류기금의 웹사이트(www.jlpt.jp)에 게재합니다.

Q2 시험일은 정해져 있습니까?
A2 7월과 12월의 첫째주 일요일에 실시합니다.

Q3 향후, 시험 정보는 어디서 알 수 있습니까?
A3 일본어능력시험 웹사이트에서 수시로 갱신하기 때문에 www.jlpt.or.kr에 게재되는 내용을 참조해 주세요.

＊ 일본어능력시험 관할 지역

서울권(경기·대전·강원·충청·호남) : 일본어능력시험 서울 실시위원회
(02-723-8487)

부산권(영남·대구·울산) : (사) 부산 한일문화교류협회
(051-465-7323)

제주권 : 제주도 한일친선협회(064-757-2164~6)

新 일본어능력시험
문제 분석과 학습법

1장

새로운 일본어능력시험에서는 급수에 따라 출제되는 내용이 조금씩 다릅니다. 여기에서는 분야별로 모든 시험과목을 다루어 그 문제형식을 분석하여 어떻게 공부하면 좋을지 소개합니다.

I 문자 · 어휘
한자 읽기

◆ 문제의 초점

한자로 쓰인 단어의 읽는 법을 묻는다.

어떤 문제가 출제될까?

　한자 읽기는 한자로 쓰인 단어를 히라가나로 어떻게 읽는지를 묻는 문제로, 9문제가 출제됩니다. 기존 시험에서는 한 문장 안에서 여러 한자 읽기를 묻는 경우가 많았으나, 바뀐 시험에서는 한 문장에서 한 단어만 묻습니다. 시험문제에서는 한자의 읽는 법을 히라가나 표기로 선택하기 때문에, 히라가나로 어떻게 쓰는지를 정확하게 알고 있어야 합니다. 특히 일본어 한자의 음독과 훈독 읽는 법과 장음과 단음, 탁음, 촉음의 유무 등 틀리기 쉬운 부분에 주의해야 합니다.

N4　　　　　　　　　　　　　　　　　　　　　　　　　　(『가이드북』문제 예)

もんだい1 ＿＿＿＿＿の ことばは どう よみますか。1・2・3・4から
　　　　 いちばん いい ものを ひとつ えらんで ください。

　1　あねは バスで 会社に 通って います。
　　　 1 むかって　　 ✓2 かよって　　 3 わたって　　 4 もどって

　2　田中さんの せんもんは 医学です。
　　　 1 かがく　　 ✓2 いがく　　 3 すうがく　　 4 ぶんがく

학습 포인트

　한자를 읽는 방법에는 예외가 많고 불규칙한 변화도 일어납니다. 그래서 귀로 듣고 외우는 것만으로는 히라가나를 바르게 쓰는 법을 정확히 외울 수 없습니다. 시험 문제에서 정답을 찾기 위해서는 히라가나로 읽는 방법을 외우도록 합니다. 또, 각 한자의 읽는 방법뿐만이 아니라, 각 단어의 읽는 방법을 외우는 것도 중요한 포인트입니다. 이것은 한자 읽는 방법과 어휘 공부를 동시에 할 수 있는 효과적인 학습법입니다.

I 문자 · 어휘
표기

◆ 문제의 초점
히라가나로 쓰인 단어를 한자로 어떻게 표기하는지 묻는다.

어떤 문제가 출제될까?

표기는 히라가나로 제시되는 단어를 한자로 쓸 수 있는지를 테스트하는 문제로, 6문제가 출제됩니다. 기존 시험에서는 한 문장 안에서 여러 표기를 묻는 경우가 많았으나, 새로운 시험에서는 한 문장에 한 단어를 묻습니다. 특히 모양이 비슷한 한자, 의미가 비슷한 한자, 음이 유사한 한자 등에 주의해야 합니다.

N4　　　　　　　　　　　　　　　　　　　　　　　　(『가이드북』문제 예)

もんだい2 ＿＿＿＿の ことばは どう かきますか。1・2・3・4から
　　　いちばん いい ものを ひとつ えらんで ください。

[3]　ひこうきで にもつを おくります。
　　　　1　近ります　　2　逆ります　　3　辺ります　　✓4　送ります

[4]　毎晩 ラジオで おんがくを 聞いています。
　　　✓1　音楽　　　　2　音楽　　　　3　音薬　　　　4　音薬

학습 포인트

시험에는 실제로 한자로 답을 쓰는 문제는 없지만, 한자를 외울 때는 정확한 형태를 쓰면서 외울 것. 그리고 변(한자의 왼쪽)과 방(한자의 오른쪽 부분) 등 한자 부분의 차이를 확인하면서 외우는 것이 중요합니다. 또, 같은 음을 가진 한자를 찾아 모아 보는 것도 재미있고 좋은 공부가 됩니다.

I 문자 · 어휘
문맥 규정

◆ 문제의 초점
문맥에 따라 의미상으로 규정된 단어가 무엇인지 묻는다.

어떤 문제가 출제될까?

문맥 규정은 문제에서 제시되는 한 문장 또는 두 문장 정도의 문맥, 즉 문장의 흐름을 보고 빈칸에 들어갈 알맞은 의미의 단어를 선택하는 문제로, 10문제가 출제됩니다. 빈칸 앞뒤에 오는 단어들을 중심으로 문장의 전체적인 의미를 정확히 파악하는 것이 중요합니다. 보기에는 의미가 가까운 단어나 음이 가까운 단어가 있으므로, 틀리지 않도록 주의해야 합니다.

N4　　　　　　　　　　　　　　　　　　　　　　　　　　(『가이드북』문제 예)

もんだい3　(　　)に　なにを　いれますか。1・2・3・4から
　　　　　いちばん　いい　ものを　ひとつ　えらんで　ください。

5　コンビニで　もらった(　　)を　見ると、何を　買ったか　わかります。
　　　1　レジ　　　✓2　レシート　　　3　おつり　　　4　さいふ

6　(　　)しないで、どうぞ　たくさん　のんで　ください。
　　　1　しつれい　　2　しっぱい　　✓3　えんりょ　　4　はんたい

학습 포인트

새로운 단어를 외울 때는 단어의 뜻 외에 그 단어를 사용한 구와 예문을 함께 외우는 것이 효과적입니다. 그렇게 하면 어휘가 느는 것은 물론 독해력과 문법 지식도 늘고 운용력도 생기므로 종합적으로 실력이 향상됩니다.

I 문자 · 어휘
바꾸어 말하기

◆ 문제의 초점
출제된 단어나 표현과 의미상으로 가까운 단어나 표현을 묻는다.

어떤 문제가 출제될까?

바꾸어 말하기는 출제된 문장과 의미상으로 가장 가까운 문장을 선택하는 문제로, 5문제가 출제됩니다. 두 문장의 의미가 완전히 같다고 할 수 없는 것도 있지만, 표현을 바꿔도 문장 자체의 의미가 바뀌지 않는 것을 선택하는 것이 중요합니다. 먼저 주어진 문장을 해석하고 전체적인 의미를 파악한 후 유사한 문장을 찾습니다.

N4 (『가이드북』 문제 예)

もんだい4 ＿＿＿＿の ぶんと だいたい おなじ いみの ぶんが あります。
1・2・3・4から いちばん いい ものを ひとつ えらんで ください。

[7] だいどころに りょうりが のこって います。
  ✓1 りょうりは だいどころに まだ あります。
  2 りょうりは だいどころに もう ありません。
  3 だいどころに りょうりを つくって います。
  4 だいどころで りょうりを よういして います。

[8] でんわ ばんごうを しらせて ください。
  1 でんわ ばんごうを うつして ください。
  2 でんわ ばんごうを なおして ください。
  3 でんわ ばんごうを きめて ください。
  ✓4 でんわ ばんごうを おしえて ください。

학습 포인트

일본어 사전을 찾으면, 그 단어와 바꾸어 사용할 수 있는 단어가 자주 설명에 사용됩니다. 단어장 등에 단어의 뜻을 쓸 때, 사전에서 설명에 사용된, 바꾸어 사용할 수 있는 단어도 써 두고 외우면 좋겠지요.

문제 분석과 학습법
I 문자・어휘

I 문자・어휘
용법

◆ 문제의 초점
출제어가 문장 안에서 어떻게 사용되는지 묻는다.

어떤 문제가 출제될까?

용법은 제시된 단어의 의미와 문장 안에서 적절하게 사용되었는지를 묻는 문제로, 5문제가 출제됩니다. 즉, 제시된 단어의 의미가 무엇인지, 또는 제시된 단어의 품사가 무엇이며 그 단어가 문장 안에서 어떠한 단어와 함께 쓰일 수 있는지를 파악해야 합니다. 어휘 분야이므로 문법적이 아니라 의미 사용법이 적절한지 어떤지를 판단합니다.

N4 (『가이드북』 문제 예)

もんだい5 つぎの ことばの つかいかたで いちばん いい ものを
1・2・3・4から ひとつ えらんで ください。

9 けんぶつ
　1 きのう、いもうとと 大きな 花を けんぶつしました。
　2 きのう、テレビで にほんの ニュースを けんぶつしました。
✓3 きのう、ともだちと きょうとの まちを けんぶつしました。
　4 きのう、しごとで 車の こうじょうを けんぶつしました。

10 じゅうしょ
　1 としょかんの となりの じゅうしょは ゆうびんきょくです。
　2 あしたの かいぎの じゅうしょは 5かいです。
✓3 ここに あなたの うちの じゅうしょを かいてください。
　4 わたしに Eメールの じゅうしょを おしえてください。

학습 포인트

모든 어휘 문제에 해당하는 말이지만, 특히 이 「용법」 문제의 대책에서는 단지 단어의 의미를 암기하는 것이 아니라 자주 사용되는 예문, 전형적인 용법의 문장과 함께 외우는 것이 중요합니다.

II 문법
문장의 문법1(문법 형식의 판단)

◆ 문제의 초점
문장의 내용에 맞는 문법 형식인지 아닌지를 판단할 수 있는지 묻는다.

어떤 문제가 출제될까?

　문장의 내용에 맞는 문법 형식이 무엇인지 판단할 수 있는지 묻는 문제로, 15문제가 출제됩니다. 전체 문장의 흐름을 파악한 후, 빈칸에 들어갈 문법적인 의미와 기능을 가진 말, 즉 알맞은 기능어를 선택하는 것이 중요합니다.

N4　　　　　　　　　　　　　　　　　　　　　　　　　(『가이드북』 문제 예)

もんだい1　（　　）に　何を　入れますか。1・2・3・4から　いちばん
　　　　　　いい　ものを　一つ　えらんで　ください。

1　A「わたしの　けしゴム、見ませんでしたか。」
　　B「あ、いすの　下に（　　　）よ。」
　　✓1　おちて　います　　　　　2　おちて　いません
　　3　おちます　　　　　　　　　4　おちません

2　(病室(びょうしつ)で)
　　A「先生、もう　薬(くすり)を　飲まなくても　いいですか。」
　　B「いいえ、来週の　火曜(かよう)までは（　　　）。」
　　1　飲んでも　いいです　　　　2　飲まないで　ください
　　✓3　飲んで　ください　　　　4　飲んでは　いけません

학습 포인트

　N4에서는 초급의 문법 항목이 중심이 됩니다. 이것은 모두 일본어의 기초가 되는 아주 중요한 문형, 문법이므로 확실히 공부해서 마스터해 두어야 합니다. 여기에 더해서 N3 수준의 표현과 기능어도 예문과 함께 의미와 사용법을 공부할 필요가 있습니다.

문제 분석과 학습법

Ⅱ 문법

Ⅱ 문법
문장의 문법2(문장의 구성)

◆ **문제의 초점**

통어적으로 올바르고, 또 의미가 통하는 문장을 구성할 수 있는지 묻는다.

어떤 문제가 출제될까?

통어적으로 바르고 또 의미가 통하는 문장을 바르게 구성할 수 있는지 묻는 문제로, 5문제가 출제됩니다. 보기 4개의 말을 어떤 순서로 늘어놓으면 올바른 문장이 되는지를 생각해서, ___★___ 에 들어가는 말을 고릅니다. 단어와 단어를 결합해 의미가 통하는 문장으로 만들기 위한 문법 형식을 알고 있는지 또 그것을 사용하여 문장을 만들 수 있는 능력이 있는지 측정하는 문제입니다. 문법 지식을 최대한 사용하고 문장의 의미를 추측해 가면서 풉니다.

N4 (『가이드북』 문제 예)

もんだい2　★　に　入る　ものは　どれですか。1・2・3・4から　いちばん　いい　ものを　一つ　えらんで　ください。

3　大川「木村さん、おれいの　手紙は　もう　出しましたか。」
　　木村「いいえ、＿＿＿＿　＿＿＿＿　＿★＿＿　＿＿＿＿　です。」
　　1　書いて　　　2　今　　　　3　ところ　　　✓4　いる

4　山下さんは　＿＿＿＿　＿★＿＿　＿＿＿＿　＿＿＿＿　です。
　　1　上手　　　2　ギターも　　✓3　ひけろし　　4　歌も

학습 포인트

문법 지식을 실마리로 문장을 구성해 가는 연습을 충분히 해서 이 형식에 익숙해질 필요가 있습니다. 문제집 등을 이용해서 연습문제를 계속해서 풀어 봅시다. 처음에는 어렵게 느껴져서 시간이 걸릴지 모르지만, 퍼즐을 푼다는 생각으로 해 보면 즐겁게 공부할 수 있습니다. 이 연습으로 문법은 물론, 독해력, 작문 능력을 포함한 일본어의 종합적인 실력을 키울 수 있습니다.

II 문법
텍스트 문법

◆ 문제의 초점
글의 흐름에 맞는 문장인지 아닌지를 판단할 수 있는지 묻는다.

어떤 문제가 출제될까?

글의 내용과 흐름에 맞는 단어를 빈칸에 넣는 문제로, 5문제가 출제됩니다. 글 전체의 흐름을 크게 파악하는 능력과, 한 문장 한 문장의 의미와 문장의 연결 방법을 이해할 수 있는지 평가합니다. 빈칸에 들어가는 것은, 의미상 문맥에 맞는 적절한 어구와 문장, 흐름과 논리의 전개에 맞는 접속어, 문법적인 표현 문형 등 여러 가지입니다. 문법 분야의 문제이지만 독해력도 평가되는 문제입니다.

N4 (『가이드북』문제 예)

もんだい3　5　から　9　に　何を　入れますか。1・2・3・4から
　　　　　いちばん　いい　ものを　一つ　えらんで　ください。

つぎの　文章（ぶんしょう）は　アリさんが　友だちの　田中（たなか）さんに　書（か）いた　手紙（てがみ）です。

　田中（たなか）さん、お元気ですか。わたしは　先週、大学の　近（ちか）くに　ひっこしを　しました。前は　アパートから　大学まで　電車と　バスで　1時間半ぐらい　かかりました。でも、今の　アパート　5　大学まで　歩（ある）いて　10分ぐらいです。　6　、ここに　ひっこすことに　しました。少し　せまいですが、新しくて　きれいだし、近所（きんじょ）

| 5 | 1　も | 2　が | 3　や | ✓4　は |

| 6 | 1　しかし | ✓2　それで | 3　たとえば | 4　それから |

학습 포인트

이 문제를 풀 때는 글 전체의 흐름과 의미를 파악하고 문장과 문장의 관계를 파악해서 보기를 체크하면서 답을 찾습니다. 이러한 것들을 정해진 시간 내에 풀어야 하기 때문에 간단하지 않습니다. 충분한 연습을 거듭할 필요가 있으므로 문제집 등의 교재를 이용하면 좋겠지요. 독해 연습도 겸하는 아주 좋은 공부가 됩니다.

III 독해
내용 이해(단문)

◆ 문제의 초점
학습, 생활, 일 등과 관련된 여러 가지 화제를 포함한 100~200자 정도의 설명문과 지시문 등을 읽고 내용을 이해했는지 묻는 문제로, 4개의 지문에 각 1문제씩, 4문제가 출제된다.

■ 어떤 문제가 출제될까?
설명문과 지시문 등의 짧은 글(100~200자)을 읽고, 내용에 대한 질문에 답합니다. 사용되는 글에는 편지나 광고 등도 포함될 가능성이 있습니다. 일상생활이나 직장에서 볼 수 있는 실용적인 글이 중심이지만, 특히 「일」에 관계되는 글이 출제될 가능성이 클 것으로 예상됩니다.

III 독해
내용 이해(중문)

◆ 문제의 초점
해설, 수필 등 450자 정도의 일상적인 화제나 장면을 소재로 한 글을 읽고, 내용을 이해할 수 있는지 묻는 문제로, 1개의 지문에 4문제가 출제된다.

■ 어떤 문제가 출제될까?
450자 정도의 설명문이나 수필을 읽고, 내용을 이해하고 키워드와 인과관계 등의 포인트에 대한 질문에 답합니다.

 정보 검색

◆ 문제의 초점

실생활에서 자주 보는 안내문, 통지문 등의 글(400자 정도)을 읽고, 목적에 따라 필요한 정보를 찾아낼 수 있는지 묻는 문제로, 1개의 지문에 2문제가 출제된다.

어떤 문제가 출제될까?

새롭게 추가된 문제 유형으로, 실생활에서 자주 보는 안내문 등을 읽고, 필요한 정보를 찾는 문제입니다. 긴 글은 아니므로 깊이 있게 읽을 필요는 없지만, 한자와 어휘의 지식이 없으면 어렵게 느껴집니다. 자기 자신이 실제로 그 정보를 찾는 입장이라고 가정해서 몰두하면 집중할 수 있고, 답을 찾기 쉬울 것입니다.

IV 청해
과제 이해

◆ 문제의 초점

내용이 갖추어진 본문을 듣고, 내용을 이해했는지 묻는 문제로 8문제가 출제된다. (구체적인 과제 해결에 필요한 정보를 듣고, 다음에 무엇을 하는 것이 적당한지를 이해하는지 묻는다.)

어떤 문제가 출제될까?

본문 안에는 어떤 과제가 있습니다. 그 과제를 이해하고「무엇을 하까?/무엇이 필요할까?/언제/어디/누구」등 의 구체적인 정보를 듣습니다. 문제 책자에 인쇄된 보기는 문자인 경우뿐만이 아니라, 일러스트도 있습니다.

학습 포인트

청해 문제집을 이용하는 것이 효과적입니다. 「과제 이해」의 문제를 연습할 때는 일기예보를 들을 때처럼, 필요한 정보(자기가 사는 지역의 날씨)를 듣고, 다음에 무엇을 할지(우산이 필요한지)를 찾는 연습을 합니다. CD를 들으면서 정보를 계속해서 메모하는 것이 좋습니다. 중요할 것 같은, 정답과 관련이 있을 것 같은 메모에는 O나 밑줄 등으로 표시합니다.

IV 청해
포인트 이해

◆ 문제의 초점

내용이 갖추어진 본문을 듣고 내용을 이해할 수 있는지 묻는 문제로, 7문제가 출제된다. (사전에 제시된 들어야 할 것을 근거로 포인트를 좁혀서 들을 수 있는지 묻는다.)

어떤 문제가 출제될까?

처음에 질문을 듣고, 들어야 할 포인트를 기억합니다. 그 후에, 문제지에 있는 4개의 보기를 읽는 시간이 있으므로 정확히 읽어 둡니다. 문제1(과제 이해)의 듣기 포인트는 구체적인 정보(무엇, 누구, 언제, 어디 등)이지만, 이 문제2의 포인트는 좀 더 어렵습니다. 예를 들면, 「말하는 사람의 기분」이나 「일이 일어난 이유」 등을 듣습니다. 확실히 제시되어 있지 않은 상황, 애매한 표현, 세세한 마음의 움직임 등도 이해할 수 있어야 합니다. 질문의 형태는 「왜/어째서/어떤 이유」가 중심이 됩니다.

학습 포인트

「과제 이해」와 같이 메모를 활용하는 것이 중요합니다. 연습할 때도 처음에 질문에서 제시된 「듣기 포인트」부터 메모해 둡니다. 말로 제시되지 않은 것을 파악하기 위해서는 말투(억양이나 쉬는 곳, 머뭇거림 등)도 실마리가 됩니다. 말하는 사람의 감정이나 진심은 어디에 있는지를 파악하며 듣는 연습도 필요합니다.

Ⅳ 청해
발화 표현

◆ 문제의 초점
일러스트를 보면서 상황 설명을 듣고 적절한 발화를 선택할 수 있는지 묻는 문제로, 5문제가 출제된다.

어떤 문제가 출제될까?

 새로운 타입의 문제입니다. 일러스트를 보면서 상황에 대한 설명을 듣고, 적절한 발화를 선택할 수 있는지 묻습니다. 일본어 능력시험에는 실제로 말하는 회화 시험은 없지만, 그 대신에 회화력과 말에 의한 커뮤니케이션 능력이 테스트됩니다.

학습 포인트

 일본어 회화에서 상당히 자주 사용되는 정해진 표현이나 말하는 법을 외워 둡니다. 표현이 사용되는 장면이나 상황, 상대방과의 관계(친한 사람인지 친하지 않은 사람인지 윗사람인지 등)를 이해해 두는 것도 필요합니다. 회화 표현은 짧고 외우기 쉬운 표현이 많으므로 회화 교재 CD를 듣고, 새로운 표현을 계속해서 외웁시다. 물론, 일본인의 생생한 회화를 듣고, 자주 사용되는 표현을 외우는 것도 아주 좋은 공부입니다. 시험을 위해서만이 아니라 회화력 향상에도 도움이 됩니다.

Ⅳ 청해
즉각적인 응답

◆ 문제의 초점

질문 등의 짧은 발화를 듣고 적절한 응답을 선택하는 문제로, 8문제가 출제된다.

어떤 문제가 출제될까?

새로운 형식의 문제로, 짧은 대화를 듣고 적절한 대답을 선택합니다. 「발화 표현」의 문제와 같이 회화력과 커뮤니케이션 능력을 묻는 문제입니다. 귀로 들은 것을 이해하는 것뿐만 아니라, 그것에 대해 재빨리 반응해서 대답을 선택해야 합니다. 어떤 장소에서, 어떤 사람이 무엇에 대해 말하고 있는지를 순식간에 알아챌 수 있으면 좋겠지만, 회화가 아주 짧고 정보가 적으므로 아무것도 파악하지 못한 채 음성이 끝나버릴 우려도 있습니다. 하지만, 정답의 실마리가 되는 포인트도 있으므로 그것도 놓치면 안 됩니다.

학습 포인트

짧은 대화를 듣고 바로 어디에서, 어떤 사람이, 무엇에 대해 이야기하고 있는지, 이러한 것을 이해하는 것은 몹시 어렵지만 훈련을 하면 점점 익숙해집니다. 우선 일본인끼리의 대화를 많이 듣는 것이 도움이 됩니다. 교재 연습문제를 많이 풀어 보는 것도 좋겠지요. CD로 문제 연습을 할 때, 귀로 듣고 대답을 찾는 것뿐만 아니라, 대화를 소리를 내서 따라 하는 연습을 하면 효과적입니다. 듣는 연습만이 아니라 말하는 연습도 됩니다.

新 일본어능력시험 N4
시험에 꼭 나오는 최다 출제 단어

要る	필요하다(예외5단동사)	お金も要りますか。 돈도 필요합니까?
こと	일/(~한) 적〈경험〉/경우, 때/ 방침, 습관/사실, 것	昨日どんなことがあったか言ってください。 어제 무슨 일이 있었는지 말해 주세요.
~そうだ	1. 양태용법 : ~할 것 같다, 　　　　　　~인 것 같다 2. 전문용법 : ~라고 한다	風が吹いて、ろうそくが消えそうです。 바람이 불어서 촛불이 꺼질 것 같습니다. 田中さんは大学生だそうです。 다나카 씨는 대학생이라고 합니다.
~ようだ	~같다〈추측〉/ ~같다〈비유〉/ ~하도록〈목적, 명령〉	みんな帰って、教室には誰もいないようです。 모두 돌아가서 교실에는 아무도 없는 것 같습니다. テストに合格するように、一生懸命に勉強しています。 시험에 합격하도록 열심히 공부하고 있습니다.
明るい	밝다 ↔ 暗い 어둡다	私は明るいところが好きです。 저는 밝은 곳을 좋아합니다.
借りる	빌리다 ↔ 貸す 빌려주다	昨日は鉛筆を忘れて、友だちに鉛筆を借りました。 어제는 연필을 안 가져와서 친구에게 연필을 빌렸습니다.
~ためだ	~위해서이다〈목적〉/ ~때문이다〈이유〉	こんなにうるさく言うのも、あなたのためです。 이렇게 시끄럽게 말하는 것도 당신을 위해서입니다.
つもり	생각, 작정	明日雨が降らなければ、公園へ行くつもりです。 내일 비가 안 오면 공원에 갈 생각입니다.
天気	날씨	今日はいい天気ですね。 오늘은 좋은 날씨이군요.
習う	배우다 ↔ 教える 가르치다	最近中村さんは、中国語を習っています。 요즘 나카무라 씨는 중국어를 배우고 있습니다.
~まま	(동사た형 접속)~한 채(로) → そのまま 그대로	ゆうべはテレビをつけたまま寝てしまいました。 어젯밤엔 텔레비전을 켠 채로 자고 말았습니다.
~やすい	(동사ます형 접속) ~하기 쉽다/좋다/편하다	私の町は、とても住みやすいところです。 우리 동네는 아주 살기 좋은 곳입니다.

開ける	열다 ↔ 閉める 닫다	寒いですから、窓を開けないでください。 추우니까 창문을 열지 말아 주세요.
方	분/(동사 ます형에 접속하여) ~하는 법	あの方はどなたですか。 저 분은 누구십니까? キムチの作り方を教えてください。 김치 만드는 법을 가르쳐 주세요.
かまわない	상관없다, 괜찮다	明日は来なくてもかまいません。 내일은 안 와도 상관없습니다.
くれる	(남이 나에게) 주다	中村さんは私に日本語を教えてくれました。 나카무라 씨는 저에게 일본어를 가르쳐 주었습니다.
好きだ	좋아하다 ↔ 嫌いだ 싫어하다	私はすきやきが好きです。 저는 스키야키를 좋아합니다.
過ぎる	지나가다〈시간, 공간〉	バスが公園の前を過ぎました。 버스가 공원 앞을 지나갔습니다.
~すぎる	너무(지나치게) ~하다	昨日はついお酒を飲みすぎてしまいました。 어제는 그만 술을 과음하고 말았습니다.
~なければ いけない (いけません)	~하지(이지) 않으면 안 된다(안 됩니다)	明日は8時までに会社へ行かなければいけません。 내일은 8시까지 회사에 가지 않으면 안됩니다.
始める	시작하다	会議を始める前に、社長からあいさつがあります。 회의를 시작하기 전에 사장님으로부터 인사가 있겠습니다.
~始める	(동사 ます형에 접속하여) ~하기 시작하다	今朝出かけようとしたら、雨が降りはじめました。 오늘 아침 나가려고 했더니 비가 내리기 시작했습니다.
~はずだ	당연히(마땅히) ~일 것이다 (~일 터이다)	そのことなら、田中さんも知っているはずです。 그 일이라면 다나카 씨도 당연히 알고 있을 것입니다.
一度	한 번	一度北海道へ遊びに行きたいです。 한 번 홋카이도에 놀러 가고 싶습니다.
おかげ	덕택, 덕분	近くにコンビニができたおかげで、買い物が便利になりました。 근처에 편의점이 생긴 덕분에 쇼핑이 편리해졌습니다.
送る	보내다/바래다주다 ↔ 迎える 마중하다	友だちにプレゼントを送りました。 친구에게 선물을 보냈습니다. 彼女を車で家まで送りました。 여자 친구를 차로 집까지 바래다주었습니다.

단어	뜻	예문
計画(けいかく)	계획	前から計画していた旅行ですが、結局行けなくなりました。 전부터 계획하고 있던 여행입니다만 결국 못 가게 되었습니다.
研究(けんきゅう)	연구	私は大学院で日本語の文法を研究しています。 저는 대학원에서 일본어 문법을 연구하고 있습니다.
失礼(しつれい)	실례	それでお先に失礼いたします。 그럼 먼저 실례하겠습니다.
品物(しなもの)	물건, 상품	この店は品物も多くて、値段も安いです。 이 가게는 물건도 많고, 가격도 쌉니다.
閉(し)める	닫다 ↔ 開(あ)ける 열다	寒いから、窓を閉めてください。 추우니까 창문을 닫아 주세요.
丈夫(じょうぶ)だ	튼튼하다	この仕事は、体が丈夫ではなければなりません。 이 일은 몸이 튼튼하지 않으면 안됩니다.
使(つか)う	쓰다, 사용하다	パソコンを使って、論文を書きました。 컴퓨터를 사용하여 논문을 썼습니다.
撮(と)る	찍다, 촬영하다	すみません、ここでは写真を撮ってはいけません。 실례합니다. 여기에서 사진을 찍으면 안됩니다.
どんなに	아무리(대개 뒤에 ~ても를 동반)	どんなに探しても、辞書はありませんでした。 아무리 찾아보아도 사전은 없었습니다.
~にくい	(동사ます형에 접속) ~하기 어렵다	このパンは大きくて、食べにくいです。 이 빵은 커서 먹기 어렵습니다.
増(ふ)える	늘어나다, 증가하다 ↔ 減(へ)る 줄어들다, 감소하다	このごろ、体重が少し増えたようです。 요즘 체중이 늘어난 것 같아요.
見(み)える	보이다	大きな文字で書いたので、後ろでもよく見えます。 큰 글씨로 썼기 때문에 뒤에서도 잘 보입니다.
忘(わす)れる	잊어버리다, 까먹다 / (물건 등을)안 가져오다, 두고 오다	彼女の名前を聞きましたが、忘れてしまいました。 그녀의 이름을 들었습니다만, 잊어버리고 말았습니다.
集(あつ)まる	모이다	明日の9時までに、学校の前に集まることになっています。 내일 아침 9시까지 학교 앞에 모이기로 되어 있습니다.
集(あつ)める	모으다	私の趣味は切手を集めることです。 제 취미는 우표를 모으는 것입니다.

단어	뜻	예문
アルバイト	아르바이트(회화체에서는 バイト라고도 함)	今日はアルバイトがあって、遊びに行けません。 오늘은 아르바이트가 있어서 놀러 못 갑니다.
安心(あんしん)	안심	ガンではありません。安心してください。 암이 아닙니다. 안심하세요.
安全(あんぜん)	안전	車を運転するときは安全のために、必ずシートベルトをしてください。 차를 운전할 때에는 안전을 위해, 반드시 안전벨트를 해 주세요.
以外(いがい)	이외	これは300円ですが、これ以外は全部100円です。 이것은 300엔입니다만, 이것 이외는 전부 100엔입니다.
以上(いじょう)	이상 ↔ 以下(いか) 이하	もうおなかいっぱいです。これ以上食べられません。 이미 배가 부릅니다. 더 이상은 못 먹습니다.
お大事(だいじ)に	(아픈 사람에게) 몸조리 잘하세요.	私はかぜを引いた加藤さんに「お大事に」と言いました。 저는 감기에 걸린 가토 씨에게 '몸조리 잘하세요'라고 말했습니다.
思(おも)い出(だ)す	생각해내다, 떠올리다	あの人とは同じクラスだったのに、名前が思い出せません。 저 사람과는 같은 반이었는데 이름이 생각이 안 납니다.
返(かえ)す	돌려주다, 갚다	太郎君に借りたお金を全部返しました。 다로 군에게 빌린 돈을 전부 갚았습니다.
通(かよ)う	(학교, 학원, 직장 등을 정기적으로) 다니다	ジョンさんは日本語の学校に通っています。 존 씨는 일본어 학원에 다니고 있습니다.
考(かんが)える	생각하다	もうちょっと、将来のことについて考えてみましょう。 좀 더 장래에 대해서 생각해 봅시다.
～がる	(형용사 어간에 접속하여 형용사를 동사로) ~하다	その知らせを聞いて、みんなうれしがっています。 그 소식을 듣고 모두 기뻐하고 있습니다.
経験(けいけん)	경험	小説家になるためには、もっといろいろな経験をした方がいいですよ。 소설가가 되기 위해서는 좀 더 여러 가지 경험을 하는 게 좋습니다.
工場(こうじょう)	공장	この町には工場がたくさんあって、空気があまりよくないです。 이 마을에는 공장이 많아서, 공기가 그다지 좋지 않습니다.
故障(こしょう)	고장	このパソコン、故障のようですね。 이 컴퓨터 고장난 것 같군요.

단어	뜻	예문
コーヒー	커피	今日はコーヒーを5杯も飲みました。 오늘은 커피를 5잔이나 마셨습니다.
午前	오전 ↔ 午後 오후	午前中は本当に忙しかったが、午後は少し暇になりました。 오전 중에는 정말 바빴으나, 오후에는 좀 한가해졌습니다.
失敗	실패/실수	何度も失敗しても、私はあきらめません。 몇 번 실패해도 저는 포기하지 않습니다.
質問	질문	質問ある人は、あとで私のところへ来てください。 질문 있는 사람은 나중에 제 방으로 와 주세요.
食事	식사	食事時間は1時間です。 식사 시간은 1시간입니다.
調べる	조사하다	新しい単語を辞書で調べてみてください。 새 단어를 사전에서 찾아봐 주세요.
親切だ	친절하다	彼女は誰にも親切で、みんなに人気があります。 그녀는 누구에게나 친절하여, 모두에게 인기가 있습니다.
心配	걱정	テストの結果が心配で、夜眠れません。 시험결과가 걱정되어 밤에 잠을 못 잡니다.
十分だ	충분하다	高校生のおこづかいは、月1万円で十分です。 고등학생의 용돈은 한 달에 만 엔으로 충분합니다.
人口	인구	この町の人口はかなり減っています。 이 마을의 인구는 상당히 줄어들고 있습니다.
相談	상담	先生と相談してから、進学する大学を決めます。 선생님과 상담하고 나서 진학할 대학을 결정하겠습니다.
退院	퇴원	かれは手術も終わって、来週退院する予定です。 그는 수술도 끝나서 다음 주에 퇴원할 예정입니다.
大使館	대사관	韓国大使館はここからそんなに遠くないです。 한국대사관은 여기에서 그렇지 멀지 않습니다.
大変だ	힘들다, 고생스럽다, 큰일이다 /(부사) 매우, 몹시, 크게	始めて行った外国で、道に迷って大変でした。 처음으로 간 외국에서 길을 잃어 고생하였습니다. 日本では大変お世話になりました。 일본에서는 크게 신세를 졌습니다.
尋ねる	묻다, 문의하다	地図を見ても道がわからなくて、人に尋ねてみました。 지도를 봐도 길을 몰라서 사람들에게 물어보았습니다.

新 일본어능력시험
실전 모의테스트1

2장

실전과 가까운 형태의 시험문제를 풀어보는 것도 합격을 위한 효과적인 준비 중 하나입니다.
실시기관이 발표한 문제수에 따라 만들어진 모의테스트를 풀어보고, 답 쓰는 순서나 시간 배분 훈련을 해 둡시다.
답안용지는 잘라서 사용할 수 있습니다.

模擬試験問題 1

N4

げんごちしき（もじ・ごい）
（30分）

もんだい1　＿＿＿＿＿の　ことばは　どう　よみますか。1・2・3・4から　いちばん　いい　ものを　ひとつ　えらんで　ください。

1　ちちは　東京の　病院で　はたらいて　います。
　　1　びよういん　　2　びようしつ　　3　びょうしつ　　4　びょういん

2　ふゆは　あたたかい　飲物が　ほしいです。
　　1　くだもの　　2　たべもの　　3　のみもの　　4　いきもの

3　わたしは　ドイツ語と　英語を　べんきょうして　います。
　　1　えいわ　　2　えいご　　3　ふつご　　4　ふつわ

4　あねは　まいねん　海外へ　旅行に　行きます。
　　1　りょこう　　2　りょうこう　　3　りょこ　　4　りょうこ

5　歩くことは　けんこうに　よいです。
　　1　うご　　2　ある　　3　おどろ　　4　はたら

6　みちが　せまくて　車が　通ることが　できません。
　　1　はし　　2　わた　　3　とお　　4　すぎ

7　にほんごは　漢字が　むずかしいです。
　　1　かんじ　　2　がんじ　　3　かんじい　　4　がんじい

8　ここに　車を　止めても　いいですか。
　　1　つ　　2　と　　3　ち　　4　て

9　四月から　あたらしい　会社で　はたらきます。
　　1　しゃかい　　2　かいしゃ　　3　かいしょ　　4　かいしゃあ

もんだい2　＿＿＿＿＿の　ことばは　どう　かきますか。1・2・3・4から　いちばん　いい　ものを　ひとつ　えらんで　ください。

10　おふろに　入りながら　どくしょを　します。
　　1　話書　　2　読書　　3　調書　　4　語書

11 東京から　ちばけんに　ひっこしを　しました。
    1　都　　　　2　区　　　　3　府　　　　4　県

12 きょうは　風が　つよくて　とても　さむいです。
    1　寒　　　　2　暑　　　　3　涼　　　　4　暖

13 五時で　しごとは　おわります。
    1　終　　　　2　紙　　　　3　始　　　　4　変

14 あたまが　いたいので、はやく　家に　かえりたいです。
    1　足　　　　2　腹　　　　3　頭　　　　4　耳

15 中国は　インドより　じんこうが　おおいです
    1　人日　　　2　人口　　　3　人目　　　4　人工

もんだい3　（　　）に　なにを　いれますか。1・2・3・4から　いちばん
いい　ものを　ひとつ　えらんで　ください。

16 （　　）したので、かいしゃに　おくれて　しまいました。
    1　いっしょうけんめい　2　あんしん　3　あさねぼう　4　あいさつ

17 車が　きゅうに　とまって　しまいました。（　　）が　ありませんでした。
    1　ガソリン　　2　カレンダー　　3　ガラス　　　4　カメラ

18 私の　いもうとは　まいにち　東京の　だいがくに　（　　）います。
    1　わたって　　2　もどって　　3　むかって　　4　かよって

19 （　　）の　ために、いっしょうけんめい　ギターを　れんしゅうして　います。
    1　オペラ　　　2　ダンス　　　3　ソング　　　4　コンサート

20 （　　）ですが、ようじが　あるので、パーティに　でられません。
    1　たいへん　　2　ざんねん　　3　しばらく　　4　しんぱい

21 毎日 雨が ふって、せんたくものが （　　）。
　1　きられません　2　ぬれません　3　かわきません　4　かわりません

22 この サイズの （　　）は、ひこうきの 中に もって 入れますか。
　1　スーツケース　2　ステレオ　3　オートバイ　4　バイク

23 きいろい （　　）を もって いると お金もちに なる そうですよ。
　1　おつり　　2　さいふ　　3　こころ　　4　きもち

24 ずっと あって いなかった 人に 「（　　）ですね。」と 言います。
　1　ざんねん　2　しばらく　3　おつかれ　4　おだいじ

25 こどもは （　　）より たくさん ほめて やりましょう。
　1　しめる　　2　よろこぶ　3　しかる　　4　そだてる

もんだい4 ＿＿＿＿の ぶんと だいたい おなじ いみの ぶんが あります。
　　1・2・3・4から いちばん いい ものを ひとつ えらんで ください。

26 せかいに エベレスト ほど たかい 山は ありません。
　1　せかいで エベレストは いちばん たかい 山では ありません。
　2　せかいで エベレストより たかい 山が あります。
　3　せかいで エベレストが いちばん たかい 山です。
　4　せかいで エベレストより ほかの 山の ほうが たかいです。

27 ここで タバコを すっては いけません。
　1　ほかの ところで タバコを すって ください。
　2　ここで タバコを すっても いい らしいです。
　3　ほかの ところで タバコを すわないで ください。
　4　ここで タバコを すわなければ いけません。

28 かおを あらってから、はを みがきます。
　1　はを みがいたあとで、かおを あらいます。
　2　はを みがくまえに、かおを あらいます。
　3　はを みがきます。それから かおを あらいます。
　4　まず はを みがき、かおを あらいます。

29 キムさんが わたしの かわりに パーティに でて くれました。
1 わたしが キムさんのために パーティに でて あげました。
2 わたしが キムさんのために パーティに でて もらいました。
3 わたしが キムさんに たのんで パーティに でて もらいました。
4 キムさんが わたしのために パーティに でて あげました。

30 くうこうに ついた ところです。
1 １０日 まえに くうこうに つきました。
2 あと すこしで くうこうに つきます。
3 あす くうこうに つきます。
4 すこし まえに くうこうに つきました。

もんだい５ つぎの ことばの つかいかたで いちばん いい ものを １・２・３・４から ひとつ えらんで ください。

31 うんどう
1 うんどうした あとは あたまが つかれます。
2 うんどうした あとは しょくじが おいしいです。
3 うんどうした あとは えいがが たのしいです。
4 うんどうした あとは くすりが にがいです。

32 かんたん
1 この もんだいは かんたんです。
2 この あじは かんたんです。
3 あの ひとは かんたんです。
4 この においは かんたんです。

33 けいかく
1 なるべく おかねを つかわないで けいかくして います。
2 いらないものを すてて けいかくして います。
3 こんや はちじに ばんごはんを けいかくして います。
4 らいねん アメリカりょこうを けいかくして います。

34 げんいん

1 かいしゃを やすんだ げんいんは 東京けんぶつですか。
2 がっこうを やめる げんいんは ひっこしですか。
3 べんきょうする げんいんは にほんで はたらくからですか。
4 ぶたインフルエンザの げんいんは なんですか。

35 こしょう

1 かれらの けっこんせいかつは きょねんから こしょうして います。
2 にほんごの せんせいは きょねんから こしょうして います。
3 このせんたくきは きのうから こしょうして います。
4 わたしの あたまは きのうから こしょうして います。

模擬試験問題 1

N4

げんごちしき（ぶんぽう）・どっかい
（60分）

もんだい1　（　　　）に 何を いれますか。1・2・3・4から いちばん いい ものを 一つ えらんで ください。

(例)　わたしは 毎朝 パン（　　　）食べます。
　　　1　が　　2　を　　3　の　　4　で

(解答用紙)　(例)　① ● ③ ④

1　A「銀行は 何時から 何時まで（　　　）か。」
　　B「9時から 3時までです。」
　　1　やるでしょう　　　　2　やって います
　　3　やります　　　　　　4　やりました

2　(クリーニング屋で)
　　A「この しみは おちるでしょうか。」
　　B「たぶん、（　　　）と 思います。」
　　1　おちる　　　　　　　2　おちよう
　　3　おちれば　　　　　　4　おちて

3　A「寒いですね。」
　　B「そうですね。暖房を いれましたから、（　　　）よ。」
　　1　あたたかく なります　2　あたたかいです
　　3　さむく ありません　　4　さむく なりません

4　A「きのう うちに いなかったでしょう。」
　　B「うん、秋葉原に デジカメを（　　　）に 行ったんだよ。」
　　1　買います　　　　　　2　買う
　　3　買い　　　　　　　　4　買おう

5　A「顔色が 悪いけど、どうしたの。」
　　B「なんだか カゼを ひいた（　　　）。」
　　1　みたな　　　　　　　2　みたい
　　3　そうだ　　　　　　　4　ほうだ

6 A 「駅前の スーパーの 肉は 高いですか。」
　　B 「それ（　　　）でも ないですよ。」
　　1 ほう　　　　　　　　　　2 など
　　3 より　　　　　　　　　　4 ほど

7 A 「あした ともだちが くるから、ビールを 買って おきましょうか。」
　　B 「ああ、もう （　　　）よ。」
　　1 買って あります　　　　2 買っても いいです
　　3 買って ください　　　　4 買って いません

8 (道で)
　　A 「すみません。この近くに 郵便局が ありますか。」
　　B 「はい、まっすぐ 行って、右に まがる（　　　）あります。」
　　1 に　　　　　　　　　　　2 を
　　3 と　　　　　　　　　　　4 で

9 (写真を見て)
　　A 「キムさんの ご主人は どの 人ですか。」
　　B 「いちばん 右の 背が 高くて（　　　）人ですよ。」
　　1 やせる　　　　　　　　　2 やせて いる
　　3 やせて いた　　　　　　　4 やせない

10 A 「お休みの 日は どんなことを して いるんですか。」
　　B 「そうですね。本を 読んだり、絵を（　　　）ね。」
　　1 かきます　　　　　　　　2 かいたことが あります
　　3 かくかもしれません　　　4 かいたりしています

11 A 「妹さんは うたが すごく じょうずですよね。」
　　B 「ええ、妹は 歌手に（　　　）んです。」
　　1 なって いる　　　　　　2 なりたい
　　3 なりたがって いる　　　4 なったことが ある

12 A 「なかなか 英語を（　　　）ように なりません。」
　　B 「まず、英語を たくさん 聞くと いいらしいですよ。」
　　1 話す　　　　　　　　　　2 聞く
　　3 しゃべる　　　　　　　　4 話せる

13 A 「週末 いい 天気だったら、海へ ドライブに 行きませんか。」
　　B 「すごく 行きたいんですけど、つごうが (　　　)。」
　　1　悪いんです　　　　　　　　2　いいんです
　　3　ないんです　　　　　　　　4　つくんです

14 (日本人のうちで)
　　A 「ここで、くつを ぬがなくては いけませんよね。」
　　B 「そうですね。くつを ぬいで、スリッパに (　　　) ください。」
　　1　はきかえて　　　　　　　　2　とりかえて
　　3　きて　　　　　　　　　　　4　こうかんして

15 A 「このへやは 寒いですね。」
　　B 「はい、すぐ ストーブを (　　　)、へやを あたたかくしましょう。」
　　1　けして　　　　　　　　　　2　つけて
　　3　つける　　　　　　　　　　4　おして

もんだい2 ＿＿★＿＿に 入る ものは どれですか。1・2・3・4から いちばん いい ものを 一つ えらんで ください。

(問題例)

いすの ＿＿＿ ＿＿＿ ★ ＿＿＿ います。

1　が　　2　に　　3　下　　4　ねこ

(答え方)

1. 正しい 文を 作ります。

| いすの ＿＿＿ ＿＿＿ ★ ＿＿＿ います。 |
| 　　　　3　下　　2　に　　4　ねこ　1　が |

2. ★に 入る 番号を 黒く 塗ります。

(解答用紙)　(例)　① ② ③ ●

[16] A「Bさん、ねむそうですね。」
B「ええ、きのう ＿＿＿ ＿＿＿ ＿＿＿ ★ んですよ。」
1　みて　　2　テレビを　　3　いた　　4　朝まで

[17] 田中さんは ＿＿＿ ＿＿＿ ＿＿＿ ★ 。
1　誕生日に　　2　おくりました　　3　お母さんの　　4　花を

[18] 一年間 ★ ＿＿＿ ＿＿＿ ＿＿＿ です。
1　つもり　　2　ためる　　3　百万円　　4　はたらいて

[19] A「このデジカメ、どうやって 使うんですか。」
B「ただ この ＿＿＿ ★ ＿＿＿ ＿＿＿ ですよ。」
1　おす　　2　赤い　　3　ボタンを　　4　だけ

[20] 小さい お店で、＿＿＿ ＿＿＿ ★ ＿＿＿ ます。
1　思い・
3　クレジットカードは
2　と
4　使えない

もんだい3 [21]から[25]に 何を いれますか。1・2・3・4から いちばん
いい ものを 一つ えらんで ください。

つぎの 文章は ソムさんが 国の お母さんに 書いた 手紙です。

　お母さん、お元気ですか。わたしは 今は 元気ですが、１１月に 日本に きて、すぐに かぜを ひいて しまいました。日本は タイと 気候が ぜんぜん ちがいます。夜も 寒くて よく 眠る ことが できませんでした。日本語の先生から、あたたかい 毛布や セーターを [21]。とても うれしかったです。
　今は すこしずつ 日本の冬にも なれてきました。[22] 大丈夫です。
　せんじつ、ともだちが 北海道に [23]。[24]、はじめて スキーを しました。まだまだ へたですが、とても おもしろかったです。
　雪も はじめて 見ました。とても きれいで びっくり しました。
　日本の 生活は 楽しいですが、ときどき さびしくなります。
　５月に、タイに 帰ります。お母さんや、弟と妹に [25] 会いたいです。
　楽しみに しています。では、また。

　　　　　　　　　　　　　　　　　　　　　　　　　２０１０年　１月２０日
　　　　　　　　　　　　　　　　　　　　　　　　　　　　　　　ソム

---

[21]　1　いただきました　　　　　　2　さしあげました
　　　3　くださいました　　　　　　4　あげました

[22]　1　まだ　　　2　もう　　　3　では　　　4　そう

[23]　1　たのんで いって くれました　2　もって いって くれました
　　　3　はこんで いって くれました　4　つれて いって くれました

[24]　1　それで　　2　そこで　　3　それから　　4　そして

[25]　1　すごい　　2　ちかく　　3　はやく　　4　はやい

もんだい４　つぎの文章を読んで、質問に答えてください。答えは１・２・３・４から
　　　　　いちばんいいものを一つえらんでください。

　新幹線に乗って、京都に行ってみませんか。
　東京から京都まで一番速い新幹線は「のぞみ号」です。
２時間１２分かかります。料金は、ふつう￥１３２２０です。
　もっと安いきっぷがあります。ＪＲの「ぷらっとこだまエコノミープラン」と
いうのを知っていますか。新幹線の「こだま号」にのります。
そのきっぷは￥９８００ですが、京都まで３時間４２分かかります。
車内で飲み物が一ぱいただになります。
　お金をかけないで、ゆっくり新幹線の旅を楽しみましょう。

26　東京から京都まで「のぞみ号」は「こだま号」よりどのくらい速く、
　　いくら高いですか。
　　１　４２分速く、３４２０円高い
　　２　９０分速く、３４２０円高い
　　３　一時間速く、３４２０円高い
　　４　５６分速く、３４２０円高い

お仕事を紹介します

いろいろな仕事があります。レストラン、ホテル、スーパー、図書館、などなど。

ステップ１：　下の番号に電話して、説明会の予約をしてください。

ステップ２：　説明会に来てください。その時次のものを持ってきてください。

　　　　＊　履歴書、身分証明書（パスポートなど）
　　　　　○　お仕事紹介のシステム説明
　　　　　○　パソコンの簡単なテスト
　　　　　○　インタビュー（あなたにいろいろ質問します。）

　　　　＊　「あなたがどんな仕事がしたいか」考えてきてください。

ステップ３：　お仕事を、電話かメールで連絡します。

　　　　　　　　　　　ジョブ　パーソネル　株式会社
　　　　　　　　　　　ＴＥＬ：０１２０－４４５－０８８

27　仕事をもらいたいです。まず何をしなければなりませんか。

1　パソコンの練習をしなければなりません
2　「どんな仕事をしたいか」書かなければなりません
3　パスポートを用意しなければなりません
4　会社に電話して、説明会に行かなければなりません

ボランティア・グループ「さくら会」が清掃を始めました。

　町の「さくら公園」は、去年新しくつくられました。桜の木が３０本もある、とてもきれいな公園です。

　しかし、だれもそうじをする人がいないので、いつもゴミが散らかったままでした。また、木や花の世話をする人もいませんでした。

　そこで、「さくら会」が、３月から、毎週日曜日の朝９時からそうじを始めています。今は、７人の会員だけなので、人がたりません。
外国人の方、学生さん、どなたでも、かまいません。
「みんなの公園をきれいにしたい！」と思う人、一緒におそうじをしませんか。

　　　　　　　　　　　　　　　さくら会　会長　山田　清子
　　　　　　　　　　　　　　　Ｔｅｌ．０３－５５９５－６６８６

28 ２月は、「さくら公園」のそうじはだれがしていましたか。

1　ボランティアグループ「さくら会」の人たち
2　町の人
3　外国人と学生
4　だれもしませんでした

最近、日本料理が、外国でも人気があるそうです。

健康によいからだと言われています。

それと反対に、日本人の食事は、変わってきています。

以前は、お米と魚と、その季節にとれる「旬」の野菜が、中心でした。

今はお米よりパン、魚より肉、お茶よりコーヒーが好きだという人が多いです。

また、晩ごはんにファーストフードやインスタント食品を食べる人も多いです。

そのため、いろいろな健康の問題がでています。太る、カルシウムが足りないなど。

日本人こそ、食生活を見直すべきだと思います。

29 日本人の食事は、前とどう変わっていますか。

1 パンや肉やコーヒーが好きな人が多くなった。
2 季節にとれる野菜を食べる人が多くなった。
3 ファーストフードを食べなくなった。
4 インスタント食品と野菜を食べる人がふえた。

もんだい5 つぎの文章を読んで、質問に答えてください。答えは1・2・3・4から、いちばんいいものを一つえらんでください。

あなたの回りには、どんな色がありますか。
赤、ピンク、黄色、白、青、緑など。部屋はどんな色が使われていますか。
赤やオレンジ色の部屋にいると「もう一時間もここにいるのかな？」と思っても、３０分しかすぎていません。
レストランやカフェなど、一日にたくさん、お客さんにきてほしい場所は、こんな色が使われているかもしれません。
反対に、青や緑や白の部屋では、「まだ、一時間しか働いていないな？」と思っても、もう２時間もすぎています。毎日同じ仕事をする所は、こんな色がいいでしょうね。
どんな時、どんな色の服を着ますか。
例えば、体のぐあいが悪い時は、白い服をきてください。
黒い服は着ないほうがいいです。
では、若く、きれいになりたい時は、どんな色の服を着ましょうか。
ピンクをえらんでください。やさしい気持ちになり、５さいぐらい若がえると思います。
では、もっと元気に新しいことをしたいと思う時は？赤やオレンジや黄色などの服を着てください。きっと元気がでるでしょう。
では、新しい会社の試験をうける時は、どうでしょうか。
青や、黒の服を着て行きましょう。きっと、会社の人にあなたは「まじめに働く人だ。」と思われるでしょう。
さて、皆さんもぜひ、色を毎日の生活に利用してください。

[30] 赤やオレンジ色などと青や緑などの部屋にいる時とでは、どう違いますか。
1 青や緑の部屋にいる時のほうが、時間がおそくすぎるようにかんじます。
2 赤やオレンジの部屋にいる時のほうが、時間がはやくすぎるようにかんじます。
3 青や緑の部屋にいる時のほうが、時間がはやくすぎるようにかんじます。
4 赤の部屋と青の部屋にいる時とでは、同じだとかんじます。

31 赤やオレンジなどと青や緑などの部屋はどんな場所によいと言っていますか。

1 赤やオレンジは、同じ仕事をする所ではなく、多くのお客さんが来てほしい所がよい。
2 赤やオレンジは、同じ仕事をする会社がよい。
3 青や緑は、カフェやレストランがよい。
4 青や緑は、からだのぐあいが悪い人がいく病院がよい。

32 新しいことをしたい時は、どんな色の服を着たらよいと言っていますか。

1 新しいことをしたい時は、まず黒い服を着て、それから赤い服を着ます。
2 新しいことをしたい時は、黒のような色はえらばないほうがいいです。
3 新しいことをしたい時は、ピンクのようなやさしい色をえらんでください。
4 新しいことをしたい時は、白い色の服を着て、心をきれいにしましょう。

33 新しい会社の試験をうける時は、どんな色の服がよいと言っていますか。

1 黒や青の服があなたを「まじめに働く人」だと思わせるでしょう。
2 赤やピンクの服があなたを「やさしい人」だと思わせるでしょう。
3 白い服があなたを「心のきれいな人」だと思わせるでしょう。
4 黄色やオレンジの服があなたを「元気な人」だと思わせるでしょう。

もんだい6 つぎの「パソコンルーム３月利用案内」とカレンダーを見て、質問に答えてください。答えは１・２・３・４からいちばんいいものを一つえらんでください。

34 私は、３月１８日、木曜日に３時間パソコンを使いたいです。利用できますか。いくらかかりますか。

1 午後３時間５００円で利用できます。
2 夜なら２時間２５０円で利用できます。
3 午前なら３時間５００円で利用できます。
4 夜なら４時間５００円で利用できます。

35 ３月２８日９時から１２時まで私の日本語クラスの学生１５人がパソコンを使いたいです。利用できますか。いつまでに連絡すればいいですか。

1 パソコンの数がたりないので、連絡しても、利用できません
2 利用できますが、２月１５日までに連絡しなければなりません。
3 利用できます。３月１５日までに連絡すればいいです。
4 パソコンの数がたりないので、夜なら連絡しなくても利用できます。

パソコンルーム　3月利用案内

パソコンを使うことができます。ひとりでもだいじょうぶです。はじめての方は、ITサポーターがしんせつにお手伝いします。どうぞご利用ください。

日	1	2	3	4	5	6	7	8	9	10	11	12	13	14	15
曜日	月	火	水	木	金	土	日	月	火	水	木	金	土	日	月
午前	■					■	■	■					■	■	
午後	■					■	■	■					■	■	
夜間	■	■	■	■	■	■	■	■	■	■	■	■	■	■	■

9：00
13：00
17：00

日	16	17	18	19	20	21	22	23	24	25	26	27	28	29	30	31
曜日	火	水	木	金	土	日	月	火	水	木	金	土	日	月	火	水
午前					■	■	■					■	■			
午後			■		■	■	■					■	■			
夜間	■	■	■	■	■	■	■	■	■	■	■	■	■	■	■	■

9：00
13：00
17：00

＊ □ は ひとりで使えます。　■ は 10人以上で使えます。ひとりでは使えません。

- 利用料金　：　一回2時間以内　250円、4時間以内　500円
- 利用時間　：　午前9時　～　午後5時
- パソコンの数：　16台
- 10人以上の利用は、前の月の15日までにご連絡ください。

東京都パソコンルーム
Tel ＆ Fax　03-3984-8826

模擬試験問題1

N4

ちょうかい
（35分）

MP3 다운로드
(www.dongyangbooks.com)

もんだい
問題1

問題1では、まず質問を聞いてください。それから話を聞いて、問題用紙の1から4の中から、正しい答えを一つえらんでください。

1ばん

1. 8番のバスと 6番のバスで
2. 8番のバスで 行って、25分 歩きます
3. 6番のバスで 行って、JRに のりかえます
4. 6番のバスで 行って、25分 歩きます

2ばん

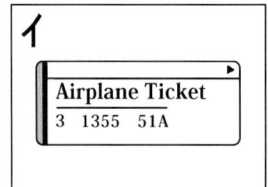
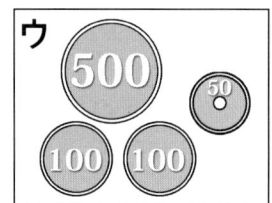

1. ア イ
2. ア ウ
3. イ ウ
4. ア イ ウ

3ばん

1. 日曜日 取りに行く前に 電話します
2. 月曜日 取りに行く前に 電話します
3. 金曜日 取りに行く前に 電話します
4. 火曜日 取りに行く前に 電話します

4ばん

1 自分の国の日本語の教科書
2 自分の国の辞書
3 自分の国で 勉強した教科書と 辞書
4 これから 使う日本語の教科書と 辞書

5ばん

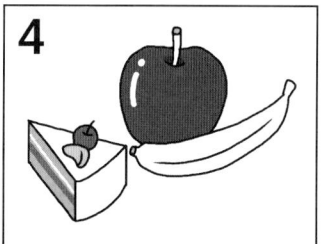

6ばん

1 車で むかえにいくので、スーパーで 待つこと
2 自分のかわりに、友達が むかえにいくので、スーパーで 待つこと
3 そのスーパーの人に、後でとどけてくれるようにたのむこと
4 どこかほかのスーパーの人がとどけてくれるか聞くこと

7ばん

1 煮たり、蒸したりした野菜や　とり肉や　おかゆなど
2 煮たり、蒸したりした野菜や　牛やぶた肉など
3 ラーメンや　お酒や　タバコなど
4 お腹に　やさしいコーヒーや　野菜など

8ばん

1 パスワードは、自分で自由に　決めてください
2 パスワードは、決められたものを　いれなければなりません
3 終わったら、シャットダウンを　しないでください
4 終わったら、そのまま帰ってかまいません

もんだい
問題2

問題2では、まず質問を聞いてください。そのあと、問題用紙を見てください。読む時間があります。それから話を聞いて、問題用紙の1から4の中から、正しい答えを一つえらんでください。

1ばん

1 朝、起きられなかったから
2 きのう、お酒を のんだから
3 駅で、ボーっとしていたから
4 家に 戻って、くつを はきかえたから

2ばん

1 お金が ないから
2 もんだいが でるかもしれないから
3 新しい車ではないから
4 一回 こしょうしたから

3ばん

1 今日は 第二木曜日だから
2 今日は 第三木曜日だから
3 捨てる日を 間違えたから
4 家に 持って帰るのが いやだったから

4ばん

1　辞書は、重いし、時間が かかるから
2　辞書は、使えないから
3　辞書は、買ったばかりだから
4　辞書は、漢字が 多すぎるから

5ばん

1　エレベーターは こわいから
2　エレベーターは 健康に わるいから
3　男の人と 一緒に 乗りたくないから
4　階段を 上がるほうが、健康に よいから

6ばん

1　日本語の会話
2　日本語のひらがな
3　日本語のカタカナ
4　日本語の漢字

7ばん

1　暑いし、足も 痛かったから
2　暑くて、歩いたから
3　まわりの人が うるさかったから
4　暑くなかったけど、足が 痛かったから

問題3

問題3では、えを見ながら質問を聞いてください。それから、正しい答えを1から3の中から一つえらんでください。

1ばん

2ばん

3ばん

4ばん

5ばん

問題4

問題4では、えなどがありません。まず、文を聞いてください。それから、その返事を聞いて、1から3の中から、正しい答えを一つえらんでください。

― メモ ―

新 일본어능력시험
실전 모의테스트2

3장

실전과 가까운 형태의 시험문제를 풀어보는 일도 합격을 위한 효과적인 준비 중 하나입니다.
실시기관이 발표한 문제수에 따라 만들어진 모의테스트를 풀어보고, 답 쓰는 순서나 시간 배분 훈련을 해 둡시다.
답안용지는 잘라서 사용할 수 있습니다.

模擬試験問題 2

N.4

げんごちしき（もじ・ごい）
（30分）

언어지식(문자·어휘)

もんだい1 ＿＿＿＿の ことばは どう よみますか。1・2・3・4から いちばん いい ものを ひとつ えらんで ください。

1 インターネットを 見すぎて 目が つかれました。
　1 くび　　　2 ゆび　　　3 かた　　　4 め

2 にほんは 安全な くにだと いわれて います。
　1 あんしん　2 あんじん　3 あんぜん　4 あんせん

3 モーツァルトの 音楽を きくと ホッと します。
　1 えいが　　2 おんがく　3 しゃしん　4 がっき

4 にほんのアニメは 人気が あります。
　1 にんき　　2 たんき　　3 そんき　　4 ひとき

5 デジカメを 買いに あきはばらに 行く つもりです。
　1 あ　　　　2 か　　　　3 す　　　　4 い

6 かんこくでは、からい 料理が おおいですか。
　1 りょうりい　2 りょり　　3 りょうり　4 りょうい

7 赤いふくを 着ると げんきに なります。
　1 き　　　　2 つけ　　　3 かぶ　　　4 はめ

8 ゆうびんきょくに 切手を 10まい かいに 行きます。
　1 ふうとう　2 きって　　3 はがき　　4 そくたつ

9 悲しい えいがを 見て、ないて しまいました。
　1 たの　　　2 うれ　　　3 かな　　　4 こい

もんだい2 ＿＿＿＿の ことばは どう かきますか。1・2・3・4から いちばん いい ものを ひとつ えらんで ください。

10 ひるごはんを いっぱい 食べたら ねむく なりました。
　1 ご飲　　　2 ご飯　　　3 ご飢　　　4 ご館

11 さいきん 日本では おんなの 赤ちゃんが おおく うまれて います。
　1 男　　　　2 兄　　　　3 妹　　　　4 女

12 ぎんこうから 二千万円を かりて、新しい 家を たてました。
　1 倍　　　　2 供　　　　3 借　　　　4 何

13 テレビが ついた けいたいでんわが ほしいです。
　1 電話　　　2 電読　　　3 電語　　　4 電計

14 このつくえは おもくて はこべません。
　1 里　　　　2 重　　　　3 乗　　　　4 軽

15 にほんごの べんきょうは とても たのしいです。
　1 古　　　　2 苦　　　　3 薬　　　　4 楽

もんだい3 （　　）に なにを いれますか。1・2・3・4から いちばん いい ものを ひとつ えらんで ください。

16 日本では サッカーも やきゅうも （　　）です。
　1 ゆうめい　　2 しょうかい　3 さいきん　4 さかん

17 わたしは 日本の ぶんかに たいへん （　　）が あります。
　1 きょうみ　　2 けいけん　　3 けんぶつ　4 げんいん

18 ちがう国の しゅうかんに （　　）のは、じかんが かかりますね。
　1 なれる　　　2 しる　　　　3 ならう　　4 あう

19 （　　）くて かおが 赤く なりました。
　1 さびし　　　2 かなし　　　3 おいし　　4 はずかし

20 （　　）しい こたえに ○を つけて ください。
　1 あたら　　　2 たた　　　　3 ただ　　　4 くる

언어지식(문자·어휘)

21 かぜを ひかない ように (　　) を つけましょう。
　　1　て　　　　2　き　　　　3　み　　　　4　け

22 あのひとは いつも 黒い ふく (　　) きて いますね。
　　1　ばかり　　2　かかり　　3　ほど　　　4　しか

23 私は ははでは なく ちちに (　　)。
　　1　にて いません　2　にて います　3　みて います　4　みて いません

24 日本ごは まだ よく わからないので、(　　) えいごで 話して ください。
　　1　なるほど　　2　なかなか　　3　なくなく　　4　なるべく

25 アリさんの お母さんは 88さいで (　　)。
　　1　きえました　2　なくなりました　3　なくしました　4　しめました

もんだい4 　＿＿＿＿＿の ぶんと だいたい おなじ いみの ぶんが あります。
　　1・2・3・4から いちばん いい ものを ひとつ えらんで ください。

26 Eメールで じゅうしょを れんらく します。
　　1　Eメールで じゅうしょを いいます。
　　2　Eメールで じゅうしょを つけます。
　　3　Eメールで じゅうしょを しらせます。
　　4　Eメールで じゅうしょを はなします。

27 もう ばんごはんは できて います。
　　1　もう ばんごはんは つくりました。
　　2　もう ばんごはんは つくりません。
　　3　まだ ばんごはんは できません。
　　4　まだ ばんごはんは つくって います。

28 私は しゅうまつに アリさんの いえに しょうたい されました。
　　1　アリさんは しゅうまつに 私を いえに よんで くれました。
　　2　私は しゅうまつに アリさんに しょうかい されました。
　　3　私は しゅうまつに アリさんを いえに しょうたい しました。
　　4　アリさんは しゅうまつに 私の いえに きて くれます。

29 げつようびと　もくようびに　ゴミを　すてて　ください。
　　1　げつようびと　もくようびに　ゴミを　ひろいましょう。
　　2　かようびに　ゴミを　すてては　いけません。
　　3　かようびに　ゴミを　ひろっても　いいです。
　　4　すいようびに　ゴミを　すてなければ　いけません。

30 だんぼうを　いれて　いるので、ドアを　しめて　あります。
　　1　ドアが　しまって、だんぼうが　はいりました。
　　2　ドアが　しまって、だんぼうを　いれて　あります。
　　3　ドアを　しめて、だんぼうを　いれました。
　　4　ドアを　しめたので　だんぼうが　はいりました。

もんだい5　つぎの　ことばの　つかいかたで　いちばん　いい　ものを　1・2・3・4から　ひとつ　えらんで　ください。

31　せわ
　　1　いま　しろい　ねこの　せわを　して　います。
　　2　まいにち　ラジオの　せわを　して　います。
　　3　まいにち　にほんごの　せわを　して　います。
　　4　まいにち　りょうりの　せわを　して　います。

32　てつだう
　　1　ともだちは　おかねが　ないので、てつだいました。
　　2　いもうとが　けがを　したので、てつだいました。
　　3　ともだちの　しごとを　てつだいました。
　　4　ともだちの　かぞくを　てつだいました。

33　りょうほう
　　1　にくも　さかなも　りょうほう　します。
　　2　にくも　さかなも　りょうほう　すきです。
　　3　りんごも　みかんも　いちごも　りょうほう　すきです。
　　4　やさいなどは　りょうほう　します。

언어지식(문자·어휘)

34 るす
1 このしなものは　ふるいので、るすだそうです。
2 にちようび　おみせは　るすです。
3 せんせいの　おたくに　うかがいましたが、るすでした。
4 どようびも　こうじょうは　るすでした。

35 ようじ
1 あしたは　ようじが　あるので、ほかのひに　して　くださいませんか。
2 あしたは　ようじが　あるので、いっしょに　えいがに　いきましょう。
3 あしたは　ようじが　ないので、えいがに　いけません。
4 あしたは　ようじが　ないので、いそがしいです。

模擬試験問題2

N4

げんごちしき（ぶんぽう）・どっかい
（60分）

もんだい1 （　　　）に 何を いれますか。1・2・3・4から いちばん いい ものを 一つ えらんで ください。

(例)　わたしは 毎朝 パン（　　　）食べます。
　　　1 が　　2 を　　3 の　　4 で

(解答用紙)　(例) ① ● ③ ④

1　A「雨は もう やんでいる（　　　）、あの人は まだ かさを さしていますね。」
　　B「そうですね。まだ すこし ふっているのかな。」
　　1 でも　　　　　　　　　2 ので
　　3 のに　　　　　　　　　4 から

2　A「Cさんは どうして いるんでしょうね？」
　　B「あぁ… Dさんによると、Cさんは けっこんした（　　　）ですよ。」
　　1 かも　　　　　　　　　2 そう
　　3 など　　　　　　　　　4 から

3　A「りーさんが、来月 国に かえるんですって。」
　　B「え！ほんとう！（　　　）なるね。」
　　1 さびしい　　　　　　　2 うれしく
　　3 うれしい　　　　　　　4 さびしく

4　(床屋で)
　　A「かみを すこし 切って ください。」
　　B「はい、2センチ（　　　）でいいですか。」
　　1 など　　　　　　　　　2 より
　　3 ほど　　　　　　　　　4 から

5　A「せかい（　　　）いちばん 人口が おおい 国は どこですか。」
　　B「それは、中国でしょう。」
　　1 で　　　　　　　　　　2 に
　　3 が　　　　　　　　　　4 と

6 A「空港（　　　）の　リムジンバスの　のりばは　どこでしょうか。」
　　B「あぁ。あそこの　ぎんこうの　前ですよ。」
　　1　行き　　　　　　　　　　2　行く
　　3　行け　　　　　　　　　　4　行か

7 A「この　へやで　たばこを　すっても　いいですか。」
　　B「すみません、そとで　（　　　）。」
　　1　すってはいけません　　　2　すってもいいです
　　3　すいなさい　　　　　　　4　すっていただけますか

8 母「はやく　ごはんを　（　　　）。」
　　子「は～い、このゲームが　おわったら　食べるね。」
　　1　食べない　　　　　　　　2　食べなさい
　　3　食べてもいい　　　　　　4　食べてはいけません

9 A「そんなに　なんばいも　コーヒーを　飲んだら　からだに　よく　ないでしょ。」
　　B「そんなに　飲んでないよ。まだ　3ばい（　　　）飲んでないよ。」
　　1　だけ　　　　　　　　　　2　ほど
　　3　より　　　　　　　　　　4　しか

10 A「けさ、8時の　電車に　まにあいましたか。」
　　B「いいえ、ちょうど　出た（　　　）でした。」
　　1　ところ　　　　　　　　　2　はず
　　3　ばかり　　　　　　　　　4　くらい

11 A「来月　ハワイに　いっしょに　行きませんか。」
　　B「えぇ！いちども　（　　　）から、うれしいです。」
　　1　行ったことがある　　　　2　行ったことがない
　　3　行きたい　　　　　　　　4　行くつもりだ

12 A「今日　ごご3時ごろ　うかがっても　よろしいでしょうか。」
　　B「はい、だいじょぶです。（　　　）。」
　　1　うかがいましょう　　　　2　うかがってもいいです
　　3　お待ちしております　　　4　お待ちするかもしれません

13 A 「また、電車の中に かさを 忘れて（　　　）。」
　　B 「え！またですか。これで なんどめですか。」
　　1　もらおう　　　　　　　2　いけません
　　3　ありました　　　　　　4　しまいました

14 A 「いろいろ 親切に（　　　）、ありがとうございました。」
　　B 「とんでもありません。また ぜひ 来てくださいね。」
　　1　してあげて　　　　　　2　していただいて
　　3　くださって　　　　　　4　していらして

15 A 「としょかんで 音楽を（　　　）勉強してもいいですか。」
　　B 「それは だめでしょう。まわりに 聞こえますから。」
　　1　聞きながら　　　　　　2　聞きたい
　　3　聞こう　　　　　　　　4　聞けば

もんだい2 ＿＿★＿＿に 入る ものは どれですか。1・2・3・4から いちばん いい ものを 一つ えらんで ください。

(問題例)

いすの ＿＿＿ ＿＿＿ ★ ＿＿＿ います。
1 が　　2 に　　3 下　　4 ねこ

(答え方)

1. 正しい 文を 作ります。

いすの ＿＿＿ ＿＿＿ ★ ＿＿＿ います。
　　　　　3 下　　2 に　　4 ねこ　　1 が

2. ＿★＿に 入る 番号を 黒く 塗ります。
（解答用紙）　（例）①②③●

16 ステレオのリモコン、＿＿＿ ★ ＿＿＿ ＿＿＿ ください。
1 ので　　2 とりかえて　　3 うごかない　　4 てんちを

17 この ＿＿＿ ＿＿＿ ★ ＿＿＿ します。
1 におい　　2 が　　3 花は　　4 いい

18 アリさんは ＿＿＿ ★ まだ 日本の ＿＿＿ なれません。
1 来た　　2 習慣　　3 ばかりで　　4 に

19 A「あす 午後から 雨が ふるそうですよ。」
　　B「そうですか。では ＿＿＿ ＿＿＿ ★ ＿＿＿ ですね。」
1 もって　　2 かさを　　3 いった　　4 ほうがいい

20 A「おいしそうな スープですね。」
　　B「ええ、＿＿＿ ★ ＿＿＿ 。」
1 うちに　　2 のんで　　3 くださいね　　4 さめない

もんだい3 21 から 25 に 何を いれますか。1・2・3・4から いちばん
いい ものを 一つ えらんで ください。

つぎの 文章は りーさんが 友だちの 山田さんに 書いた 手紙です。

　　山田さん、お元気ですか。わたしは 先月から 老人ホーム(※1)で 働き始めました。
週に3日間 21 。朝8時から 5時までと 午後4時から 12時までです。ときどき、
夜から、寝ないで 朝まで 働きます。
仕事は、お年寄りの お世話です。手が よく 動かない方が 食事を する 22 を 手
伝ってあげます。 23 方の 車いすを 押して あげます。トイレに、自分で 行けない
方を 手伝います。仕事は たいへんで、とても 疲れます。
でも、おばあさんや おじいさんが 一日に 何回も 「ありがとう」と 言ってくれます。
24 とき、とても うれしいです。
ときどき、お年寄りの 日本語が わかりませんし、お年寄りも 私の日本語が 25 。耳の
わるい方も 多く、大きな 声で はっきり 話さなければ なりません。
もっと 日本語が じょうずに なりたいです。では、また。

　　　　　　　　　　　　　　　　　　　　　　　　　　　　２０１０年　２月１日
　　　　　　　　　　　　　　　　　　　　　　　　　　　　　　　　　　　リー

（※1）老人ホーム：自分の家で くらすことが むずかしい おじいさんや おばあさんが
　　　　　　　　　一緒に 生活する ところ

21　1　働くでしょう　　　　　　　　　2　働くかもしれません
　　3　働きました　　　　　　　　　　4　働いています

22　1　まで　　　2　の　　　3　や　　　4　など

23　1　歩かない　　　　　　　　　　　2　歩けない
　　3　歩く　　　　　　　　　　　　　4　歩こう

24　1　そんな　　2　あんな　　3　こんな　　4　どんな

25　1　わからないでしょう　　　　　　2　わからないほうがいいです
　　3　わからないようです　　　　　　4　わからないはずです

もんだい４　つぎの文章を読んで、質問に答えてください。答えは１・２・３・４から
　　　　　いちばんいいものを一つえらんでください。

　スマッシュ・テニススクールが３月にオープンします。
　３月７日から４月３０日まで、ただでテニスレッスンがうけられます。
　もし３月３１日までにスクールに入れば、はじめの一か月分（¥８４００）の
レッスン代と入る時の５２５０円も、ただになります。
　それと、すばらしいプレゼントもあります。Ｔシャツは、みんなもらえます。
テニスラケットとテニスバッグは、どちらかをえらびます。
　さぁ～！春からテニスをはじめてみませんか。

26　３月中にこのスクールにはいるとはじめいくら払って、どんなプレゼントが
　　もらえますか。

　　１　５２５０円。Ｔシャツとテニスラケットとテニスバッグ
　　２　８４００円。Ｔシャツかテニスラケットとテニスバッグ
　　３　０円。Ｔシャツかテニスラケットかテニスバッグ
　　４　０円。Ｔシャツとテニスラケットかテニスバッグ

> スタッフ募集：ガソリンスタンドで、いっしょに働きませんか。

仕事： ・ガソリンを入れる
　　　 ・車をあらう
　　　 ・その他、軽い作業
場所： 東大阪市八尾　エネオス　（＊車で通えます）

時間： ７：３０～２１：００の間で、４時間～８時間
　　　　＊　週３～４日以上　働ける人
　　　　＊　平日の夕方と土、日曜日も働ける人
　　　　◎　時間は、相談しましょう

時給： ８００円　～

働きたい人は、まずお電話をください。
　　　　　　　　　　　　東大阪市八尾　エネオス　／　鈴木まで
　　　　　　　　　　　　ＴＥＬ：０６－６６９０－８５５６

27 ラオさんは、月曜日から金曜日の午前中、毎日日本語学校に通っています。このガソリンスタンドで、働くことができますか。

1　毎日日本語学校に行っているので、働くことができません。
2　平日でも午後からは、働くことができます。
3　土曜日と日曜日だけ、働くことができます。
4　いつでも働くことができます。

> **胃のX線を受ける方へ**
>
> つぎの注意を守ってください。
>
> ❖ 必ず午前中に受けてください。
> ❖ 検査の前の日は、晩ごはんを夜8時までにとってください。
>   （なるべく早い時間にとってください。）
> ❖ 検査の前の日は、あまりたくさん食べたり、飲んだりしないでください。
> ❖ 検査の日は、なにも食べたり、飲んだりしないで、来てください。
> ❖ いつも薬を飲んでいる方は、お医者さまに相談してください。
>
> ＊ 妊娠中の方は、胃のX線を受けられません。

28 胃のX線を受ける人は、どんな注意が必要ですか。

1　検査は午後なので、その日の朝ごはんは食べてもいいです。
2　検査の前の日の晩ごはんと検査の日の朝ごはんは食べられません。
3　検査は午前中なので、その日の朝ごはんは食べてはいけません。
4　いつも飲んでいる薬は飲んでもかまいません。

どんな時、どんな人に贈り物をしますか。
　お世話になった方に、結婚した友達に、会社を辞める方に、自分の愛している人に…などなど。
　そのとき、品物を渡すだけでなく、自分の気持ちを伝えましょう。一言でもいいです。「ありがとう」、「おめでとう」、「お疲れさまでした」、「愛しています」とメッセージを書きましょう。
　贈る相手にメッセージカードをそえれば、贈り物をもらった人は、品物だけよりも、もっとうれしいと感じるでしょう。

29 どんな贈り物をもらったら、うれしいと言っていますか。

1　値段の高いもの
2　自分でつくったもの
3　気持ちを伝えるメッセージがあるもの
4　メッセージがたくさん書いてあるもの

もんだい5 つぎの文章を読んで、質問に答えてください。答えは1・2・3・4から、いちばんいいものを一つえらんでください。

奈良にある東大寺の大仏を知っていますか。

東大寺は世界でいちばん古い、木でつくられた建物です。その中にある大仏はたいへん大きくて、有名です。今の建物は、1709年に建てられたものです。

それまで、何回もじしんやせんそうで、建物が焼けました。

1567年には、建物だけでなく、大仏の頭も焼けて、なくなってしまいました。

その時から、大仏は100年以上も、屋根がないので、雨にぬれ、強い風にふかれ続けたままでした。

17世紀に公慶というお坊さん（1647～1705）が、「雨の日でも、私は家もあるし、傘もあるので、ぬれないが、大仏さんには、家も傘もない…かわいそうだ。」と言って、たいへんたいへん悲しみました。

そこで彼は、大仏さんを雨や風から守るために、お寺をもう一度新しく建てなおそうと決めました。彼は20年間も、日本中を歩きまわり、お金を集めました。

それは、それはたいへんな仕事でした。そして、彼が一生懸命に日本中の人からお金を集めたおかげで、お寺は新しく建てられ、大仏さんの頭もなおされました。

しかし、彼は1705年にたいへんな疲れと重い病気のために、亡くなってしまいました。その4年後にお寺は完成しました。公慶は、大仏さんの新しい頭も、新しいお寺も見ることができませんでした。なんと残念なことでしょう。

彼が20年間もの長い間、一生懸命に、お金を集めなければ、今の東大寺も大仏の頭もなかったでしょう。こんな大きな仕事をしたお坊さん、「公慶」のことを知っている人はほとんどいません。

30 どうして大仏の頭がなくなってしまったのですか。

1 大雨や強い風で、なくなってしまったのです。
2 一回のせんそうで、なくなってしまったのです。
3 とても古くて、大きかったので台風でなくなってしまったのです。
4 じしんやせんそうの火事で、やけてしまったのです。

31 どうして公慶は日本中を歩きまわったのですか。

1 日本中を歩きまわって、勉強しようと思いましたから。
2 日本中を人たちからお金を集めて、お寺や大仏をなおすためです。
3 日本中の人たちからお金を集めて、大仏の病気をなおすためです。
4 日本中を歩きまわって、自分のお寺を建てるためにお金を集めたのです。

32 公慶は１７０９年に新しい東大寺をどうして見ることができなかったのですか。

1 日本中を歩きまわって、１７０５年に疲れて病気になり、死んでしまったからです。
2 日本中を歩きまわって、１７０５年に重い病気になり、病院に入ったからです。
3 日本中を歩きまわっていて、とちゅうで重い病気になり、なくなったからです。
4 まだ日本中を歩きまわっていて、お金を集めていたからです。

33 公慶はどんなお坊さんでしたか。

1 雨や風から東大寺や大仏をまもった強いお坊さんでした。
2 東大寺や大仏をなおすためにお金をだしたお金持ちのお坊さんでした。
3 東大寺や大仏のことを日本中の人に知らせたえらいお坊さんでした。
4 東大寺や大仏のために一生懸命お金を集めた、やさしく、えらいお坊さんでした。

もんだい６　つぎの「ひこうきの時刻表」行き(A)と帰り(B)を見て、質問に答えて
　　　　　ください。答えは１・２・３・４からいちばんいいものを一つえらんでください。

[34]　２月２０日に東京のホテルでパーティがあります。午後５時前にホテルに着きたいです。
　　　空港からホテルまで一時間かかります。どの飛行機の便が一番いいですか。

　　１　ＡＮＡ０１８が一番いいです。
　　２　ＡＮＡ０２８が一番いいです。
　　３　ＡＮＡ０３０が一番いいです。
　　４　ＡＮＡ０３４が一番いいです。

[35]　３月５日に東京から大阪に帰るつもりです。午後４時までに家に着きたいです。
　　　空港から家まで一時間半かかります。どの飛行機の便が一番いいですか。

　　１　ＡＮＡ０１７が一番いいです。
　　２　ＡＮＡ０２１が一番いいです。
　　３　ＡＮＡ０２５が一番いいです。
　　４　ＡＮＡ０２７が一番いいです。

A 時刻表（大阪 → 東京）

便名	出発（大阪）	到着（東京）	2月18日（木）	2月19日（金）	2月20日（土）	2月21日（日）	2月22日（月）
ANA014	07:15	08:20	△	5	8	△	○
ANA016	07:45	08:55	△	2	△	△	○
ANA018	09:00	10:10	×	×	×	2	○
ANA020	10:00	11:10	△	×	8	△	○
ANA022	11:00	12:10	△	×	4	△	○
ANA024	12:00	13:05	7	1	5	2	○
ANA026	13:00	14:10	△	1	△	×	○
ANA028	14:00	15:10	9	×	△	×	○
ANA030	15:00	16:10	9	×	6	×	○
ANA032	16:00	17:10	7	×	×	×	○
ANA034	17:00	18:10	△	×	△	×	○
ANA036	18:00	19:10	△	×	2	×	○
ANA038	19:00	20:10	△	×	△	1	×
ANA040	20:20	21:30	△	×	△	×	○

○：30以上席があります　△：10〜29席があります　×：席がありません
1〜9席があります

B 時刻表（東京 → 大阪）

便名	出発（東京）	到着（大阪）	3月2日（火）	3月3日（水）	3月4日（木）	3月5日（金）	3月6日（土）
ANA013	07:00	08:10	9	8	8	△	×
ANA015	08:00	09:10	△	△	7	7	×
ANA017	09:00	10:05	×	△	8	×	×
ANA019	10:00	11:05	△	△	×	6	×
ANA021	11:00	12:05	△	8	7	6	×
ANA023	12:00	13:05	5	7	7	3	×
ANA025	13:00	14:05	7	7	△	2	×
ANA027	14:00	15:05	6	7	△	×	×
ANA031	15:00	16:05	6	3	4	×	2
ANA033	16:00	17:05	△	△	△	1	2
ANA035	17:00	18:10	5	△	△	×	4
ANA037	18:00	19:10	△	△	△	×	2
ANA039	19:00	20:15	△	8	4	×	5
ANA041	19:20	20:35	5	8	2	×	5

模擬試験問題 2

N4

ちょうかい
（35分）

MP3 다운로드
(www.dongyangbooks.com)

もんだい
問題 1

問題1では、まず質問を聞いてください。それから話を聞いて、問題用紙の1から4の中から、正しい答えを一つえらんでください。

1ばん

2ばん

1　カラーインクと　ブラックインクを　1個ずつ
2　カラーインク2個パックと　コピーの紙1パック
3　ブラックインク2個パック
4　カラーインクと　ブラックインク2個パックを　一つずつ

3ばん

1　月曜日か　火曜日
2　水曜日か　金曜日
3　木曜日か　土曜日
4　月曜日か　日曜日

4ばん

ア　チェックインの時間
イ　チェックアウトの時間
ウ　ウエルカムパーティの出席
エ　朝の新聞の時間

1　ア　ウ
2　ア　エ
3　イ　ウ
4　イ　エ

5ばん

1　5万円
2　30万円
3　80万円
4　6万円

6ばん

1 そのまま　持って行きます
2 ３０００円　払って、持って行きます
3 ３０００円で　売ります
4 持って行きません

7ばん

1 毎日　着ている服
2 ジーンズや　Ｔ－シャツ
3 花嫁さんより　きれいなドレス
4 ワンピースや　スーツや　お国の服

8ばん

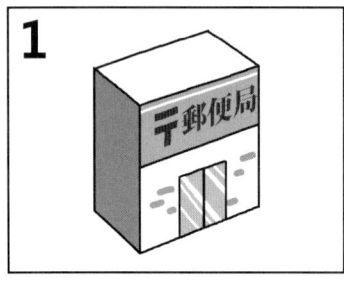 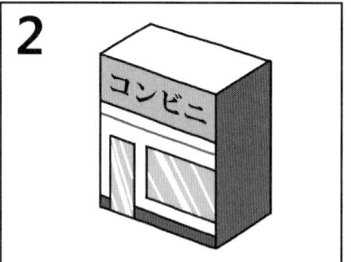
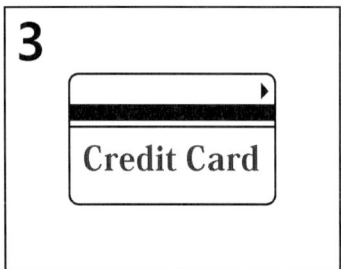 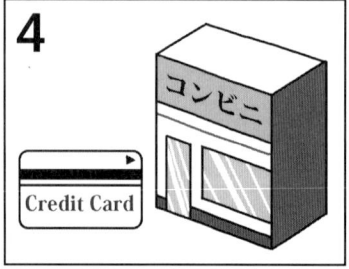

もんだい
問題2

問題2では、まず質問を聞いてください。そのあと、問題用紙を見てください。読む時間があります。それから話を聞いて、問題用紙の1から4の中から、正しい答えを一つえらんでください。

1ばん

1 卵が　全然なかったから
2 卵が　一つ、古かったから
3 卵が　二人分なかったから
4 バタートーストのほうが　簡単だから

2ばん

1 女の人の電池が　なかったから
2 男の人の電池が　なかったから
3 二人とも　電池が　なかったから
4 二人とも　電話を　きっていたから

3ばん

1 約束の時間に　会えないかもしれないから
2 北海道のホテルの場所が　わからないから
3 林さんと　東京で　会いたいから
4 携帯電話を　なくしたから

4ばん

1　彼が「大山さんと　結婚したい」と　言ったから
2　彼が「きみが　いやなら、ぼくは　大山さんと　結婚する」と　言ったから
3　彼が「きみは　ぼくと　結婚したほうが　いい」と　言ったから
4　彼が「きみが　いやでも、ぼくは　きみと　結婚したい」と　言ったから

5ばん

1　Kは　Sに　勝ちませんでした
2　Kが　勝ちました
3　Sが　勝ちました
4　SとKは　二人とも　勝ちました

6ばん

1　銀メダルを　強く　噛んだから
2　銀メダルを　割ったから
3　銀メダルを　折ったから
4　銅メダルを　強く　噛んだから

7ばん

1　日本の大学に　入学することです
2　日本人は　親切ではない人が　多いことです
3　ガールフレンドを　さがすことです
4　日本での生活や　習慣です

問題3

問題3では、えを見ながら質問を聞いてください。それから、正しい答えを1から3の中から一つえらんでください。

1ばん

2ばん

3ばん

4ばん

5ばん

もんだい
問題4

問題4では、えなどがありません。まず、文を聞いてください。それから、その返事を聞いて、1から3の中から、正しい答えを一つえらんでください。

― メモ ―

N4 げんごちしき (もじ・ごい) かいとうようし (模擬試験問題1)

名前 Name

問題 1

1	①	②	③	④
2	①	②	③	④
3	①	②	③	④
4	①	②	③	④
5	①	②	③	④
6	①	②	③	④
7	①	②	③	④
8	①	②	③	④
9	①	②	③	④

問題 2

10	①	②	③	④
11	①	②	③	④
12	①	②	③	④
13	①	②	③	④
14	①	②	③	④
15	①	②	③	④

問題 3

16	①	②	③	④
17	①	②	③	④
18	①	②	③	④
19	①	②	③	④
20	①	②	③	④
21	①	②	③	④
22	①	②	③	④
23	①	②	③	④
24	①	②	③	④
25	①	②	③	④

問題 4

26	①	②	③	④
27	①	②	③	④
28	①	②	③	④
29	①	②	③	④
30	①	②	③	④

問題 5

31	①	②	③	④
32	①	②	③	④
33	①	②	③	④
34	①	②	③	④
35	①	②	③	④

N4 げんごちしき(ぶんぽう)・どっかい 解答用紙（模擬試験問題１）

名前 Name

問題 1

	①	②	③	④
1	①	②	③	④
2	①	②	③	④
3	①	②	③	④
4	①	②	③	④
5	①	②	③	④
6	①	②	③	④
7	①	②	③	④
8	①	②	③	④
9	①	②	③	④
10	①	②	③	④
11	①	②	③	④
12	①	②	③	④
13	①	②	③	④
14	①	②	③	④
15	①	②	③	④

問題 2

	①	②	③	④
16	①	②	③	④
17	①	②	③	④
18	①	②	③	④
19	①	②	③	④
20	①	②	③	④

問題 3

	①	②	③	④
21	①	②	③	④
22	①	②	③	④
23	①	②	③	④
24	①	②	③	④
25	①	②	③	④

問題 4

	①	②	③	④
26	①	②	③	④
27	①	②	③	④
28	①	②	③	④
29	①	②	③	④

問題 5

	①	②	③	④
30	①	②	③	④
31	①	②	③	④
32	①	②	③	④
33	①	②	③	④

問題 6

	①	②	③	④
34	①	②	③	④
35	①	②	③	④

N4 ちょうかい 解答用紙 (模擬試験問題1)

名前 Name

問題 1

	①	②	③	④
1	①	②	③	④
2	①	②	③	④
3	①	②	③	④
4	①	②	③	④
5	①	②	③	④
6	①	②	③	④
7	①	②	③	④
8	①	②	③	④

問題 2

	①	②	③	④
1	①	②	③	④
2	①	②	③	④
3	①	②	③	④
4	①	②	③	④
5	①	②	③	④
6	①	②	③	④
7	①	②	③	④

問題 3

	①	②	③	④
1	①	②	③	④
2	①	②	③	④
3	①	②	③	④
4	①	②	③	④
5	①	②	③	④

問題 4

	①	②	③
1	①	②	③
2	①	②	③
3	①	②	③
4	①	②	③
5	①	②	③
6	①	②	③
7	①	②	③
8	①	②	③

N4 げんごちしき (もじ・ごい) かいとうようし (模擬試験問題2)

名前 Name

問題1

1	①	②	③	④
2	①	②	③	④
3	①	②	③	④
4	①	②	③	④
5	①	②	③	④
6	①	②	③	④
7	①	②	③	④
8	①	②	③	④
9	①	②	③	④

問題2

10	①	②	③	④
11	①	②	③	④
12	①	②	③	④
13	①	②	③	④
14	①	②	③	④
15	①	②	③	④

問題3

16	①	②	③	④
17	①	②	③	④
18	①	②	③	④
19	①	②	③	④
20	①	②	③	④
21	①	②	③	④
22	①	②	③	④
23	①	②	③	④
24	①	②	③	④
25	①	②	③	④

問題4

26	①	②	③	④
27	①	②	③	④
28	①	②	③	④
29	①	②	③	④
30	①	②	③	④

問題5

31	①	②	③	④
32	①	②	③	④
33	①	②	③	④
34	①	②	③	④
35	①	②	③	④

N4 げんごちしき(ぶんぽう)・どっかい 解答用紙(模擬試験問題2)

名前 Name

問題1

1	①	②	③	④
2	①	②	③	④
3	①	②	③	④
4	①	②	③	④
5	①	②	③	④
6	①	②	③	④
7	①	②	③	④
8	①	②	③	④
9	①	②	③	④
10	①	②	③	④
11	①	②	③	④
12	①	②	③	④
13	①	②	③	④
14	①	②	③	④
15	①	②	③	④

問題2

16	①	②	③	④
17	①	②	③	④
18	①	②	③	④
19	①	②	③	④
20	①	②	③	④

問題3

21	①	②	③	④
22	①	②	③	④
23	①	②	③	④
24	①	②	③	④
25	①	②	③	④

問題4

26	①	②	③	④
27	①	②	③	④
28	①	②	③	④
29	①	②	③	④

問題5

30	①	②	③	④
31	①	②	③	④
32	①	②	③	④
33	①	②	③	④

問題6

34	①	②	③	④
35	①	②	③	④

N4 ちょうかい 解答用紙 (模擬試験問題2)

名前 Name

問題 1

	問 題 1			
1	①	②	③	④
2	①	②	③	④
3	①	②	③	④
4	①	②	③	④
5	①	②	③	④
6	①	②	③	④
7	①	②	③	④
8	①	②	③	④

問題 2

	問 題 2			
1	①	②	③	④
2	①	②	③	④
3	①	②	③	④
4	①	②	③	④
5	①	②	③	④
6	①	②	③	④
7	①	②	③	④

問題 3

	問 題 3			
1	①	②	③	④
2	①	②	③	④
3	①	②	③	④
4	①	②	③	④
5	①	②	③	④

問題 4

	問 題 4		
1	①	②	③
2	①	②	③
3	①	②	③
4	①	②	③
5	①	②	③
6	①	②	③
7	①	②	③
8	①	②	③

모의테스트1 정답

언어지식(문자·어휘)

問題1		問題2		問題3		問題4	
1	④	10	②	16	③	26	③
2	③	11	④	17	①	27	①
3	②	12	①	18	④	28	②
4	①	13	①	19	②	29	③
5	②	14	③	20	②	30	④
6	③	15	②	21	③		
7	①			22	①	問題5	
8	②			23	②	31	②
9	②			24	②	32	①
				25	③	33	④
						34	②
						35	③

언어지식(문법)·독해

問題1		問題2		問題3		問題5	
1	②	16	③	21	①	30	③
2	①	17	②	22	②	31	④
3	①	18	④	23	④	32	②
4	③	19	③	24	③	33	①
5	②	20	②	25	③		
6	④					問題6	
7	①			問題4		34	③
8	③			26	②	35	②
9	②			27	④		
10	④			28	④		
11	②			29	①		
12	④						
13	①						
14	①						
15	②						

청해

問題1		問題2		問題3		問題4	
1	③	1	④	1	②	1	①
2	④	2	③	2	③	2	③
3	①	3	④	3	①	3	④
4	③	4	①	4	②	4	①
5	①	5	④	5	③	5	①
6	②	6	④			6	③
7	①	7	①			7	①
8	②					8	④

모의테스트2 정답

언어지식(문자 · 어휘)

問題 1

번호	정답
1	④
2	③
3	②
4	①
5	②
6	③
7	①
8	②
9	③

問題 2

번호	정답
10	②
11	④
12	③
13	①
14	②
15	④

問題 3

번호	정답
16	④
17	①
18	①
19	④
20	③
21	②
22	①
23	④
24	④
25	②

問題 4

번호	정답
26	③
27	①
28	①
29	②
30	③

問題 5

번호	정답
31	①
32	③
33	②
34	③
35	①

언어지식(문법) · 독해

問題 1

번호	정답
1	③
2	②
3	④
4	③
5	①
6	①
7	④
8	②
9	③
10	①
11	②
12	③
13	④
14	②
15	①

問題 2

번호	정답
16	①
17	②
18	③
19	③
20	①

問題 3

번호	정답
21	④
22	②
23	②
24	②
25	③

問題 4

번호	정답
26	④
27	②
28	③
29	③

問題 5

번호	정답
30	④
31	②
32	②
33	④

問題 6

번호	정답
34	②
35	③

청해

問題 1

번호	정답
1	③
2	④
3	①
4	③
5	②
6	②
7	④
8	③

問題 2

번호	정답
1	③
2	③
3	②
4	②
5	③
6	①
7	④

問題 3

번호	정답
1	③
2	②
3	②
4	①
5	①

問題 4

번호	정답
1	②
2	②
3	②
4	②
5	③
6	①
7	①
8	②

모의테스트1 번역

〈언어지식(문자·어휘)〉

문제1 밑줄 친 단어는 어떻게 읽습니까? 1·2·3·4 중에서 가장 알맞은 것을 하나 고르시오.

[1] 아버지는 도쿄의 병원에서 근무하고 있습니다.
　4　びょういん

[2] 겨울은 따뜻한 음료를 마시고 싶습니다.
　3　のみもの

[3] 저는 독일어와 영어를 공부하고 있습니다.
　2　えいご

[4] 언니는 매년 해외로 여행을 갑니다.
　1　りょこう

[5] 걷기는 건강에 좋습니다.
　2　ある

[6] 길이 좁아서 차가 다닐 수 없습니다.
　3　とお

[7] 일본어는 한자가 어렵습니다.
　1　かんじ

[8] 여기에 차를 세워도 됩니까?
　2　と

[9] 4월부터 새로운 회사에서 근무합니다.
　2　かいしゃ

문제2 밑줄 친 단어는 어떻게 씁니까? 1·2·3·4 중에서 가장 알맞은 것을 하나 고르시오.

[10] 목욕을 하면서 독서를 합니다.
　2　読書

[11] 도쿄에서 지바 현으로 이사했습니다.
　4　県

[12] 오늘은 바람이 세서 무척 춥습니다.
　1　寒

[13] 5시에 일은 끝납니다.
　1　終

[14] 머리가 아파서, 빨리 집에 가고 싶습니다.
　3　頭

[15] 중국은 인도보다 인구가 많습니다.
　2　人口

문제3 (　)에 무엇을 넣습니까? 1·2·3·4 중에서 가장 알맞은 것을 하나 고르시오.

[16] (　)을 해서 회사에 늦고 말았습니다.
　1 열심히　2 안심　3 늦잠　4 인사

[17] 차가 갑자기 멈추어 버렸습니다. (　)이 없습니다.
　1 가솔린　2 달력　3 유리잔　4 카메라

[18] 제 여동생은 매일 도쿄의 대학에 (　) 있습니다.
　1 건너고　　　2 돌아오고
　3 향하고　　　4 다니고

[19] (　)를 위해서 열심히 기타를 연습하고 있습니다.
　1 오페라　2 춤　3 노래　4 콘서트

[20] (　)입니다만, 볼 일이 있어서, 파티에 갈 수 없습니다.
　1 큰일　2 유감　3 잠시　4 걱정

[21] 매일 비가 내려서 빨래가 (　).
　1 잘리지 않습니다　　2 젖지 않습니다
　3 마르지 않습니다　　4 바뀌지 않습니다

[22] 이 크기의 (　)는, 비행기 안에 가지고 들어갈 수 있습니까?
　1 슈트케이스　　　2 스테레오
　3 오토바이　　　　4 바이크

23 노란 (　　)을 가지고 있으면 부자가 된다고 합니다.
　1 거스름돈　2 지갑　3 마음　4 기분

24 줄곧 만나지 못했던 사람에게 "(　　)이네요." 라고 말합니다.
　1 유감　2 오랜만　3 수고　4 몸조심

25 아이는 (　　)보다 많이 칭찬해 줍시다.
　1 달다　　　　2 기뻐하다
　3 꾸짖다　　　4 키우다

문제4　밑줄 친 문장과 거의 같은 의미의 문장이 있습니다. 1·2·3·4 중에서 가장 알맞은 것을 하나 고르시오.

26 <u>세계에 에베레스트만큼 높은 산은 없습니다.</u>
　1 세계에서 에베레스트는 가장 높은 산이 아닙니다.
　2 세계에서 에베레스트보다 높은 산이 있습니다.
　3 세계에서 에베레스트가 가장 높은 산입니다.
　4 세계에서 에베레스트보다 다른 산 쪽이 높습니다.

27 <u>여기서 담배를 피우면 안 됩니다.</u>
　1 다른 곳에서 담배를 피워주세요.
　2 여기서 담배를 피워도 되는 것 같습니다.
　3 다른 곳에서 담배를 피우지 말아주세요.
　4 이곳에서 담배를 피워야 합니다.

28 <u>세수를 하고 나서, 양치질을 합니다.</u>
　1 양치질을 한 뒤에, 세수를 합니다.
　2 양치질을 하기 전에, 세수를 합니다.
　3 양치질을 합니다. 그러고 나서 세수를 합니다.
　4 먼저 양치질을 하고, 세수를 합니다.

29 <u>김 씨가 저를 대신해 파티에 나가 주었습니다.</u>
　1 제가 김 씨를 위해서 파티에 나가 주었습니다.
　2 제가 김 씨를 위해서 파티에 나가 달라고 했습니다.
　3 제가 김 씨에게 부탁해서 파티에 나가 달라고 했습니다.
　4 해석불가

30 <u>공항에 막 도착한 참입니다.</u>
　1 10일 전에 공항에 도착했습니다.
　2 잠시 후에 공항에 도착합니다.
　3 내일 공항에 도착합니다.
　4 조금 전에 공항에 도착했습니다.

문제5　다음 단어의 사용법으로 가장 알맞은 것을 1·2·3·4 중에서 하나 고르시오.

31 うんどう(운동)
　1 <u>운동</u>을 하고 난 뒤에는 머리가 피곤합니다.
　2 <u>운동</u>을 하고 난 뒤에는 밥맛이 좋습니다.
　3 <u>운동</u>을 하고 난 뒤에는 영화가 재미있습니다.
　4 <u>운동</u>을 하고 난 뒤에는 약이 씁니다.

32 かんたん(간단)
　1 이 문제는 <u>간단</u>합니다.
　2 이 맛은 <u>간단</u>합니다.
　3 저 사람은 <u>간단</u>합니다.
　4 이 냄새는 <u>간단</u>합니다.

33 けいかく(계획)
　1 되도록 돈을 쓰지 않고, <u>계획</u>하고 있습니다.
　2 필요 없는 것을 버리고, <u>계획</u>하고 있습니다.
　3 오늘 밤 8시에 저녁밥을 <u>계획</u>하고 있습니다.
　4 내년에 미국 여행을 <u>계획</u>하고 있습니다.

34 げんいん(원인)
　1 회사를 쉰 <u>원인</u>은 도쿄 관광입니까?
　2 학교를 그만두는 <u>원인</u>은 이사입니까?
　3 공부하는 <u>원인</u>은 일본에서 일하기 때문입니까?
　4 신종 인플루엔자의 <u>원인</u>은 무엇입니까?

35 こしょう(고장)
　1 그들의 결혼 생활은 작년부터 <u>고장</u> 났습니다.
　2 일본어 선생님은 작년부터 <u>고장</u> 났습니다.
　3 이 세탁기는 어제부터 <u>고장</u> 났습니다.
　4 제 머리는 어제부터 <u>고장</u> 났습니다.

〈언어지식(문법)・독해〉

문제1 (　　)안에 무엇을 넣습니까? 1·2·3·4 중에서 가장 알맞은 것을 하나 고르시오.

[1]　A「은행은 몇 시부터 몇 시까지 (　　)까?」
　　　B「9시부터 3시까지입니다.」
　1　할까요　　　　　　2　하고 있습니다
　3　하겠습니다　　　　4　했습니다

[2]　(세탁소에서)
　　　A「이 얼룩은 지워질까요?」
　　　B「아마, (　　)이라고 생각합니다.」
　1　지워질 것　　　　2　지워지려
　3　지워지면　　　　4　지워져서

[3]　A「춥네요.」
　　　B「그렇군요. 난방을 틀었으니, (　　)요.」
　1　따뜻해질 것입니다　2　따뜻합니다
　3　춥지 않습니다　　　4　추워지지 않을 것입니다

[4]　A「어제 집에 없었지?」
　　　B「응, 아키하바라에 디지털 카메라를 (　　)러 갔었어.」
　1　삽니다　　　　　2　사다
　3　사　　　　　　　4　사자

[5]　A「안색이 나쁜데, 왜 그래?」
　　　B「어쩐지 감기에 걸린 (　　).」
　1　보았군　　　　　2　~인 듯하다
　3　~라고 한다　　　4　~인 편이다

[6]　A「역 앞 슈퍼마켓에서 파는 고기는 비쌉니까?」
　　　B「그 (　　)라도 아닙니다.」
　1　~편　　　　　　2　~등
　3　~보다　　　　　4　~정도

[7]　A「내일 친구가 올 테니, 맥주를 사 놓을까요?」
　　　B「아, 이미 (　　)요.」
　1　사놓았습니다　　2　사도 좋습니다
　3　사 주세요　　　4　사지 않았습니다

[8]　(길에서)
　　　A「실례합니다. 이 근처에 우체국이 있습니까?」
　　　B「네, 똑바로 가서 오른쪽으로 돌아가(　　) 있습니다.」
　1　~에　　　　　　2　~을
　3　~면　　　　　　4　~에서

[9]　(사진을 보며)
　　　A「김 씨의 남편은 어느 분입니까?」
　　　B「제일 오른쪽의 키가 크고, (　　) 사람입니다.」
　1　마르다　　　　　2　말라 있다
　3　말라 있었다　　4　마르지 않다

[10]　A「쉬는 날은 무엇을 합니까?」
　　　B「글쎄요. 책을 읽거나 그림을 (　　)군요.」
　1　그립니다　　　　2　그린 적이 있습니다
　3　그릴지도 모릅니다　4　그리기도 합니다

[11]　A「여동생 분은 노래를 무척 잘하는군요.」
　　　B「네, 여동생은 가수가 (　　) 입니다.」
　1　되었다　　　　　2　되고 싶다
　3　되고 싶어 한다　4　된 적이 있다

[12]　A「좀처럼 영어를 (　　)하도록 되지 않습니다.」
　　　B「우선, 영어를 많이 들으면 좋다고 합니다.」
　1　이야기하다　　　2　듣다
　3　말하다　　　　　4　말할 수 있다

[13]　A「주말에 날씨가 좋으면, 바다로 드라이브 가지 않을래요?」
　　　B「매우 가고 싶지만, 사정이 (　　).」
　1　좋지 못합니다　　2　좋습니다
　3　없습니다　　　　4　좋습니다

[14]　(일본인의 집에서)
　　　A「여기서 신발을 벗어야 하는군요.」
　　　B「그렇습니다. 신발을 벗고, 슬리퍼로 (　　) 주세요.」
　1　갈아 신어　　　　2　바꾸어
　3　입어　　　　　　4　교환해

15 A「이 방은 춥네요.」
    B「네, 바로 난로를 (   ), 방을 따뜻하게 합시다.」
1 꺼서   2 켜서
3 켜다   4 눌러서

문제2 ____★____ 에 들어갈 것은 어느 것입니까? 1·2·3·4 중에서 가장 알맞은 것을 하나 고르시오.

16 A「B 씨, 졸린 것 같네요.」
    B「네, 어제 ____ ____ ____ ★ 이에요.」
    (네, 어제 아침까지 텔레비전을 보고 있었어요.)
1 보고   2 텔레비전을
3 있다   4 아침까지

17 다나카 씨는 ____ ____ ____ ★ .
    (다나카 씨는 어머니 생신날에 꽃을 보냈습니다.)
1 생신날에   2 보냈습니다
3 어머니의   4 꽃을

18 일 년 동안 ★ ____ ____ ____ 입니다.
    (일 년 동안 일해서 백만 엔을 모을 예정입니다.)
1 예정   2 모으다
3 백만 엔   4 일해서

19 A「이 디지털 카메라, 어떻게 쓰나요?」
    B「그냥 이 ____ ★ ____ ____ 입니다.」
    (그냥 이 빨간 버튼을 누를 뿐입니다.)
1 누르다   2 빨갛다
3 버튼을   4 ~뿐

20 작은 가게에서 ____ ____ ★ ____ 합니다.
    (작은 가게에서 신용카드는 사용할 수 없다고 생각합니다.)
1 생각   2 ~라고
3 신용카드는   4 사용할 수 없다

문제3 21 부터 25 에 무엇을 넣습니까? 1·2·3·4 중에서 가장 알맞은 것을 하나 고르시오.

다음 글은 쏨 씨가 고국의 어머니에게 쓴 편지입니다.

어머니, 잘 지내셨습니까? 저는 지금은 건강하지만, 11월에 일본에 와서 바로 감기에 걸려버렸습니다. 일본은 태국과 기후가 전혀 다릅니다. 밤에도 추워서 잠을 잘 수 없었습니다. 일본어 선생님께서, 따뜻한 담요와 스웨터를 21 . 굉장히 고마웠습니다. 지금은 조금씩 일본의 겨울에도 익숙해졌습니다. 22 괜찮습니다. 얼마 전, 친구가 홋카이도에 23 . 24 , 처음으로 스키를 탔습니다. 아직도 서투르지만, 무척 재미있었습니다. 눈도 처음으로 보았습니다. 굉장히 예뻐서 깜짝 놀랐습니다. 일본 생활은 즐겁지만, 가끔 쓸쓸해집니다. 5월에 태국으로 돌아갑니다. 어머니와 동생들과 25 만나고 싶습니다.
즐거운 마음으로 기다리겠습니다. 그럼 안녕히.

2010년 1월 20일
쏨 올림

21 1 받았습니다   2 드렸습니다
    3 주셨습니다   4 주었습니다

22 1 아직   2 벌써
    3 그렇다면   4 그렇게

23 1 부탁해 가 주었습니다
    2 가져 가 주었습니다
    3 운반해 가 주었습니다
    4 데려 가 주었습니다

24 1 그래서   2 그곳에서
    3 그리고 나서   4 그리고

25 1 굉장하다   2 가까이
    3 빨리   4 빠르다

문제4 다음 문장을 읽고 질문에 답하시오. 정답은 1·2·3·4 중에서 가장 알맞은 것을 하나 고르시오.

신칸센을 타고 교토에 가 보지 않겠습니까?
도쿄에서 교토까지 가장 빠른 신칸센은 '노조미 호'입니다. 2시간 12분 걸립니다. 요금은 보통 13,220엔입니다.
좀더 싼 표가 있습니다. JR '플랫 고다마 이코노미 플랜'을 아십니까? 신칸센 '고다마 호'에 탑니다.
그 표는 9,800엔인데, 교토까지 3시간 42분 걸립니다. 열차 내에서 음료를 얼마든지 공짜로 마실 수 있습니다. 돈을 절약하고, 느긋하게 신칸센 여행을 즐깁시다.

---

26 도쿄에서 교토까지 '노조미 호'는 '고다마 호'보다 얼마나 빠르고, 얼마나 비쌉니까?
1 42분 빠르고, 3,420엔 비싸다.
2 90분 빠르고, 3,420엔 비싸다.
3 1시간 빠르고, 3,420엔 비싸다.
4 56분 빠르고, 3,420엔 비싸다.

직업을 소개합니다
다양한 직업이 있습니다. 음식점, 호텔, 슈퍼마켓, 도서관 등등.
1단계 : 아래의 번호로 전화해서, 설명회 예약을 해 주세요.
2단계 : 설명회에 와 주세요. 그때 다음 물품을 가져 와 주세요.
　＊ 이력서, 신분증(여권 등)
　　○ 직업 소개의 시스템 설명
　　○ 간단한 컴퓨터 테스트
　　○ 면접(당신에게 여러 가지 질문을 합니다.)
＊'당신이 무슨 일을 하고 싶은지' 생각해서 와 주세요.
3단계 : 직업을 전화나 전자메일로 연락합니다.
　　　　　　　　　　　　잡 퍼스넬 주식회사
　　　　　　　　　　　　TEL : 0120-445-088

---

27 직업을 얻고 싶습니다. 먼저 무엇을 해야 합니까?
1 컴퓨터 연습을 해야 한다.
2 '어떤 일을 하고 싶은지' 써야 한다.
3 여권을 준비해야 한다.
4 회사에 전화해서, 설명회에 가야 한다.

자원봉사 동아리 '벚꽃 모임'이 청소를 시작했습니다.
마을의 '사쿠라 공원'은 작년에 새로 조성되었습니다. 벚나무가 30그루나 있는, 무척 아름다운 공원입니다.
그러나 아무도 청소를 하는 사람이 없어서, 항상 쓰레기가 널려 있었습니다. 또한 나무나 꽃을 돌보는 사람도 없었습니다.
그래서 '벚꽃 모임'이 3월부터 매주 일요일 아침 9시부터 청소를 시작하고 있습니다. 지금은 7명의 회원뿐이라서 사람이 부족합니다.
외국인, 학생 누구라도 상관없습니다.
'모두의 공원을 깨끗하게 하고 싶어!'라고 생각하는 사람, 다 함께 청소를 하지 않겠습니까?

　　　　　　　　　　벚꽃 모임 회장 야마다 기요코
　　　　　　　　　　Tel . 03-5595-6686

---

28 2월은, '사쿠라 공원' 청소는 누가 하고 있었습니까?
1 자원봉사 동아리 '사쿠라 모임'의 사람들
2 마을 사람
3 외국인과 학생
4 아무도 하지 않았습니다

최근, 일본 음식이 외국에서도 인기가 있다고 합니다. 건강에 좋기 때문이라고 합니다.
그와 반대로 일본인의 식사는 달라지고 있습니다.
이전에는 쌀과 생선, 그 계절에 수확할 수 있는 '제철' 채소가 중심이었습니다.
지금은 쌀보다 빵, 생선보다 고기, 차보다 커피가 좋다는 사람이 많습니다.
또한 저녁 식사로 패스트푸드나 인스턴트 식품을 먹는 사람도 많습니다.
그 때문에 다양한 건강 문제가 생기고 있습니다. 살이 찌거나 칼슘이 부족한 등.
일본인이야말로 식생활을 재점검해야 한다고 생각합니다.

29 일본인의 식사는 전과 어떻게 달라졌습니까?
1 빵과 고기, 커피가 좋다는 사람이 많아졌다
2 제철 채소를 먹는 사람이 많아졌다
3 패스트푸드를 먹지 않게 되었다
4 인스턴트 식품과 채소를 먹는 사람이 늘었다

문제5 다음 문장을 읽고 질문에 답하시오. 정답은 1·2·3·4 중에서 가장 알맞은 것을 하나 고르시오.

당신의 주위에는 어떤 색이 있습니까?
빨간색, 분홍색, 노란색, 흰색, 파란색, 녹색 등. 방은 어떤 색이 사용되었습니까?
빨간색이나 오렌지색 방에 있으면 '벌써 1시간이나 여기에 있었나?'라고 생각해도 30분밖에 지나지 않았습니다. 음식적이나 카페 등 하루에 많은 손님이 오기를 바라는 곳은 이런 색이 쓰였을지도 모릅니다.
반대로 파란색이나 녹색, 흰색 방에서는 '아직 1시간밖에 일하지 않았지?'라고 생각해도 벌써 2시간이나 지났습니다. 매일 같은 일을 하는 곳은 이런 색이 좋겠지요.
어떤 때, 어떤 색 옷을 입습니까?
예를 들어 몸 상태가 좋지 못할 때는 흰 옷을 입으세요. 검은 옷은 입지 않는 편이 좋습니다.
그렇다면 젊고 예뻐지고 싶을 때는 어떤 색 옷을 입을까요? 분홍색을 고르세요. 온화한 기분이 되고, 5살 정도 젊어질 거라고 생각합니다.
그렇다면 더 기운차게 새로운 일을 하고 싶다고 생각할 때는? 빨간색이나 오렌지색, 노란색 등의 옷을 입으세요. 분명히 힘이 날 것입니다.
그렇다면 입사 시험을 볼 때는 어떨까요?
파란색이나 검은색 옷을 입고 갑시다. 틀림없이 회사 사람에게 당신은 '성실하게 일하는 사람이다.'라고 생각될 것입니다.
자, 여러분도 꼭 날마다 생활에 색을 이용하기 바랍니다.

---

30 빨간색이나 오렌지색 등과 파란색이나 녹색 등의 방에 있을 때는 어떻게 다릅니까?
1 파란색이나 녹색 방에 있는 쪽이, 시간이 천천히 흐르는 것처럼 느낍니다.
2 빨간색이나 오렌지색 방에 있는 쪽이, 시간이 빨리 흐르는 것처럼 느낍니다.
3 파란색이나 녹색 방에 있는 쪽이, 시간이 빨리 흐르는 것처럼 느낍니다.
4 빨간색 방과 파란색 방에 있을 때는 같다고 느낍니다.

31 빨간색이나 오렌지색 등과 파란색이나 녹색 등의 방은 어떤 장소에 좋다고 이야기하고 있습니까?
1 빨간색이나 오렌지색은 같은 일을 하는 곳이 아니라 많은 손님이 오기를 바라는 곳에 좋다.
2 빨간색이나 오렌지색은 같은 일을 하는 회사에 좋다.
3 파란색이나 녹색은 카페나 음식점에 좋다.
4 파란색이나 녹색은 몸 상태가 좋지 못한 사람이 가는 병원에 좋다.

32 새로운 일을 하고 싶을 때는, 어떤 색 옷을 입으면 좋다고 이야기하고 있습니까?
1 새로운 일을 하고 싶을 때는, 먼저 검은 옷을 입고 나서 빨간 옷을 입습니다.
2 새로운 일을 하고 싶을 때는 검은색 같은 색은 고르지 않는 편이 좋습니다.
3 새로운 일을 하고 싶을 때는 분홍색처럼 부드러운 색을 골라 주세요.
4 새로운 일을 하고 싶을 때는 흰색 옷을 입고 마음을 정갈히 합시다.

33 입사 시험을 볼 때는 어떤 색 옷이 좋다고 이야기하고 있습니까?
1 검은색이나 파란색 옷이 당신을 '성실하게 일하는 사람'이라고 생각하게 할 것입니다.
2 빨간색이나 분홍색 옷이 당신은 '온화한 사람'이라고 생각하게 할 것입니다.
3 흰 옷이 당신을 '마음이 정갈한 사람'이라고 생각하게 할 것입니다.
4 노란색이나 오렌지색 옷이 당신을 '건강한 사람'이라고 생각하게 할 것입니다.

문제6 다음의 '컴퓨터실 3월 이용안내'와 달력을 보고 질문에 답하시오. 정답은 1·2·3·4 중에서 가장 알맞은 것을 하나 고르시오.

34 나는 3월 18일, 목요일에 3시간 동안 컴퓨터를 쓰고 싶습니다. 이용할 수 있습니까? 얼마나 듭니까?
1 오후 3시간 동안 500엔으로 이용할 수 있습니다.
2 야간이라면 2시간 동안 250엔으로 이용할 수 있습니다.
3 오전이라면 3시간 동안 500엔으로 이용할 수 있습니다.
4 야간이라면 4시간 동안 500엔으로 이용할 수 있습니다.

35 3월 28일 9시부터 12시까지 제 일본어 반 학생 15명이 컴퓨터를 쓰고 싶습니다. 이용할 수 있습니까? 언제까지 연락하면 됩니까?
1 컴퓨터 수가 모자라기 때문에 연락해도 이용할 수 없습니다.
2 이용할 수 있으나 2월 15일까지 연락해야 합니다.
3 이용할 수 있습니다. 3월 15일까지 연락하면 됩니다.
4 컴퓨터 수가 모자라기 때문에 밤이라면 연락하지 않아도 이용할 수 있습니다.

컴퓨터실 3월 이용안내

컴퓨터를 쓸 수 있습니다. 한 사람이라도 괜찮습니다. 처음이신 분은 IT 도우미가 친절하게 도와드립니다. 많은 이용 바랍니다.

일	1	2	3	4	5	6	7	8	9	10	11	12	13	14	15	
요일	월	화	수	목	금	토	일	월	화	수	목	금	토	일	월	
오전	■					■	■	■					■	■		9:00
오후	■					■	■	■					■	■		13:00
야간	■	■	■	■	■	■	■	■	■	■	■	■	■	■		17:00

일	16	17	18	19	20	21	22	23	24	25	26	27	28	29	30	31	
요일	화	수	목	금	토	일	월	화	수	목	금	토	일	월	화	수	
오전	■				■		■	■				■	■				9:00
오후			■		■	■	■	■				■	■				13:00
야간	■	■	■	■	■	■	■	■	■	■	■	■	■	■	■	■	17:00

* □ 는 혼자서 쓸 수 있습니다. ■ 는 10명 이상 쓸 수 있습니다. 혼자서는 쓸 수 없습니다.

- 이용요금 : 1회 2시간 이내 250엔, 4시간 이내 500엔
- 이용시간 : 오전 9시 ~ 오후 5시
- 컴퓨터 수 : 16대
- 10명 이상 이용 시는 전 달 15일까지 연락 바랍니다.

도쿄도 컴퓨터실
Tel & Fax 03-3984-8826

모의테스트1 청해 스크립트 및 번역

問題 1 🔘 4-02

1ばん ─────────── 🔘 4-03

女の人は、上野動物園にどうやって行きますか。

F：すみません、上野動物園に行きたいんですが、どのバスにのればいいですか。

M：えーと、何番のバスだっけ。8番だと、思うけど。ちょっと待ってくださいよ。

F：はい、すみません。

M：えーと、8番にのると御徒町駅までしかいかないそうですよ。そこから歩くと25分ほどかかります。それでもいいですか。

F：25分も歩くんですか。できれば、あまり歩きたくないんですが…。

M：そうですか。じゃ、6番のバスで、秋葉原まで行って、そこからJRにのりかえてください。つぎの駅が上野ですから。動物園はすぐですよ。

F：そうですか。それなら、そんなに歩かなくてもいいんですね。じゃ、そうします。

女の人は、上野動物園にどうやって行きますか。

1　8番のバスと6番のバスで
2　8番のバスで行って、25分歩きます
3　6番のバスで行って、JRにのりかえます
4　6番のバスで行って、25分歩きます

여자는 우에노 동물원에 어떻게 갑니까?

F：실례합니다, 우에노 동물원에 가려는데 어느 버스에 타면 되나요?

M：그러니까, 몇 번 버스였더라. 8번 같은데요. 잠깐만 기다리세요.

F：네, 감사합니다.

M：저기, 8번 타면 오카치마치 역까지만 간다고 하네요. 거기서 걸으면 25분 정도 걸립니다. 그래도 괜찮겠습니까?

F：25분이나 걷나요? 가능하면 별로 걷고 싶지 않은데……

M：그렇군요. 그럼, 6번 버스로 아키하바라까지 가서 거기서 JR로 갈아타세요. 다음 역이 우에노니까요. 동물원은 금방입니다.

F：그렇군요. 그 방법이라면 그렇게 걷지 않아도 되겠네요. 그럼 그렇게 하겠습니다.

여자는 우에노 동물원에 어떻게 갑니까?

1　8번 버스와 6번 버스로
2　8번 버스로 가서 25분 걷습니다
3　6번 버스로 가서 JR로 갈아탑니다
4　6번 버스로 가서 25분 걷습니다

2ばん ─────────── 🔘 4-04

男の人はビザを取るために、何を準備しなければなりませんか。（R：旅行社の人）

R：いらっしゃいませ。

M：えーと、一週間ほどオーストラリアを旅行したいのですが、ビザがいりますか。

R：はい、ビザを取らなければなりません。

M：何が、必要ですか。

R：パスポートをお持ちですか。それから

もうオーストラリア行きの飛行機の予約はしましたか。

M：パスポートは持っていますが、飛行機はまだ予約していません。

R：そうですか。では、飛行機の便名をかかなければなりませんので、すぐ予約してください。それからパスポートはいつまで使えるかしらべてください。
ビザはインターネットですぐとれます。７５０円かかります。

男の人はビザを取るために、何を準備しなければなりませんか。

남자는 비자를 받기 위해서 무엇을 준비해야 합니까?(R：여행사 직원)

R：어서 오세요.
M：저기, 일주일 정도 오스트레일리아를 여행하고 싶은데요, 비자가 필요한가요?
R：네, 비자를 받아야 합니다.
M：무엇이 필요합니까?
R：여권을 갖고 계신가요? 그리고 이미 오스트레일리아 행 비행기 예약은 하셨나요?
M：여권은 갖고 있습니다만, 비행기는 아직 예약하지 않았습니다.
R：그렇습니까. 그렇다면 비행기 편명을 적어야 하니 바로 예약해 주세요. 그리고 여권은 언제까지 쓸 수 있는지 알아보시기 바랍니다.
비자는 인터넷으로 바로 받을 수 있습니다. 750엔이 듭니다.

남자는 비자를 받기 위해서 무엇을 준비해야 합니까?

3ばん　　　　　　　　　　　　　4-05

男の人はデパートにいつズボンをとりに来ればいいですか。（T：デパートの店員）

M：すみません。このズボンを買いたいんですが、ちょっと長いんです。
T：あ～そうですね。では、お直しさせていただきます。３ｃｍほど短くさせていただきます。２、３日かかりますが。
M：はい、けっこうです。では、いつとりにくればいいですか。
T：そうですね。今日は金曜日ですね。
M：じゃ、来週の月曜日の５時半ごろとりにきます。
T：申し訳ございませんが、毎週月曜日はお休みなのです。
M：えー！火曜日の朝からこのズボンをはきたいんです。日曜日の夜は？
T：そうですね。では、とりにいらっしゃる前にお電話をいただけますか。
M：はい、わかりました。
T：もうしわけございません。よろしくお願いいたします。

男の人はデパートにいつズボンをとりに来ればいいですか。

1　日曜日取りに行く前に電話します
2　月曜日取りに行く前に電話します
3　金曜日取りに行く前に電話します
4　火曜日取りに行く前に電話します

남자는 백화점에 언제 바지를 가지러 오면 됩니까? (T：백화점 점원)

M : 실례합니다. 이 바지를 사고 싶은데 약간 깁니다.
T : 아~ 그렇군요. 그럼 수선해 드리겠습니다. 3cm 정도 짧게 해 드리겠습니다. 2, 3일 걸립니다만.
M : 네, 괜찮습니다. 그럼 언제 가지러 오면 됩니까?
T : 그렇군요. 오늘은 금요일이군요.
M : 그럼 다음 주 월요일 5시 반쯤 가지러 오겠습니다.
T : 죄송합니다만, 매주 월요일은 휴일입니다.
M : 뭐라고요? 화요일 아침부터 이 바지를 입고 싶습니다. 일요일 밤은요?
T : 그렇군요. 그럼 가지러 오시기 전에 전화를 주시겠습니까?
M : 네, 알겠습니다.
T : 정말 죄송합니다. 잘 부탁합니다.

남자는 백화점에 언제 바지를 가지러 오면 됩니까?

1 일요일 가지러 오기 전에 전화합니다
2 월요일 가지러 오기 전에 전화합니다
3 금요일 가지러 오기 전에 전화합니다
4 화요일 가지러 오기 전에 전화합니다

4ばん　　　　　　　　　4-06

日本語クラスの先生が学生に話しています。
学生は何を持っていったらいいですか。

M : あすから新しい日本語クラスがはじまります。皆さんは自分の国で日本語を勉強した人ばかりです。もしあれば、いままで日本語の勉強で使った教科書をもってきてください。辞書も。
それから、日本でどんな日本語の勉強をしたいかを、皆の前で話せるように準備してきてください。
そうそう、もちろん自分の趣味や、好きな食べ物のことなども話してくださいね。

学生は何を持っていったらいいですか。

1 自分の国の日本語の教科書
2 自分の国の辞書
3 自分の国で勉強した教科書と辞書
4 これから使う日本語の教科書と辞書

일본어 선생님이 학생에게 이야기합니다. 학생은 무엇을 가져가면 됩니까?

M : 내일부터 새로운 일본어 수업이 시작됩니다. 여러분은 자기 나라에서 일본어를 공부한 사람들뿐입니다. 만약 있다면 지금까지 일본어 공부를 하면서 사용한 교과서를 가져와 주세요. 사전도요. 그리고 일본에서 어떤 일본어 공부를 하고 싶은지를 모두 앞에서 말할 수 있도록 준비해 오세요.
그렇지, 물론 자신의 취미나 좋아하는 음식 등도 이야기해 주세요.

학생은 무엇을 가져가면 됩니까?

1 자기 나라의 일본어 교과서
2 자기 나라의 사전
3 자기 나라에서 공부한 교과서와 사전
4 앞으로 사용할 일본어 교과서와 사전

5ばん　　　　　　　　　4-07

男の人と女の人が話しをしています。女の人はアリさんに何を買っていきますか。

F : アリさんが、先週スキーに行って、足の骨を折ったんですって。
M : えっ！ほんと！じゃおみまいに行かなくちゃ。

F：ああ、そうね。何かおみまいを買っていきましょう。
M：そうだね。何がいいかな。花はどう？
F：ええ。でも、最近、花は病室にかざってはいけないらしいのよ。
M：へ～。そうか。じゃ、ケーキがいいね。買ってきてくれる。
F：いいわよ。でも、アリさんケーキは好きじゃないかもね。くだものにするわ。
M：うん、ケーキはぼくたちだけで食べようか。ハハハ。

女の人はアリさんに何を買っていきますか。

남자와 여자가 이야기하고 있습니다. 여자는 알리 씨에게 무엇을 사 갑니까?

F : 알리 씨가 지난주에 스키를 타다가 다리 뼈가 부러졌대.
M : 뭐라고! 정말이야? 그럼 병문안을 가야지.
F : 아아, 그러네. 뭔가 병문안 선물이라도 사 가자.
M : 그렇군. 뭐가 좋을까? 꽃은 어때?
F : 응. 그런데 요즘 꽃은 병실에 두면 안 되는 모양이야.
M : 저런. 그렇군. 그럼 케이크가 좋겠다. 사 올래?
F : 괜찮아. 그런데 알리 씨 케이크는 좋아하지 않을지도 몰라. 과일로 할래.
M : 응, 케이크는 우리끼리만 먹을까? 하하하.

여자는 알리 씨에게 무엇을 사 갑니까?

6ばん　　　　　　　　　4-08

女の人が男の人に電話をしています。男の人は女の人にどうすればいいと言っていますか。

F：今、スーパーにいるんだけど、車でむかえにきてくれる。
M：えっ。今、車で友達のところに行くところなんだよ。
F：そうなの。こまったわね。一週間分の食べ物や飲み物を買ったから、一人では持てないわ。
M：じゃ、スーパーにたのんで、後でとどけてもらえばいいじゃない。
F：でも、お金がかかるでしょ。
M：いいや、最近はそういうサービスをどこのスーパーでもしているらしいよ。
F：そうなの。知らなかったわ。じゃ、きいてみるわ。ありがとう。

男の人は女の人にどうすればいいと言っていますか。

1　車でむかえにいくので、スーパーで待つこと
2　自分のかわりに、友達がむかえにいくので、スーパーで待つこと
3　そのスーパーの人に、後でとどけてくれるようにたのむこと
4　どこかほかのスーパーの人がとどけてくれるか聞くこと

여자가 남자에게 전화를 하고 있습니다. 남자는 여자에게 어떻게 하면 좋다고 말합니까?

F : 지금 슈퍼마켓에 있는데 차로 데리러 와 줄래?
M : 뭐? 지금 차로 친구에게 가는 길이야.
F : 그래? 곤란한걸. 일주일분 음식이랑 마실 거리를 사서 혼자서는 못 드는데.
M : 그럼 슈퍼마켓에 부탁해서 나중에 받으면

되잖아.
F : 하지만 돈 들잖아.
M : 아니야, 요즘에는 그런 서비스를 어느 슈퍼마켓에서든 한다고 해.
F : 그래? 몰랐어. 그럼 물어볼게. 고마워.

남자는 여자에게 어떻게 하면 좋다고 말합니까?

1 차로 데리러 갈 테니 슈퍼마켓에서 기다릴 것
2 자기 대신 친구가 데리러 갈 테니 슈퍼마켓에서 기다릴 것
3 그 슈퍼마켓 직원에게 나중에 가져다 주도록 부탁할 것
4 어디 다른 슈퍼마켓 직원이 가져다 주는지 물어볼 것

7ばん ── 4-09

お医者さん(D)が、ヤンさん(Y)に食べ物についてアドバイスしています。ヤンさんはどんなものを食べたらいいですか。

D : ヤンさんはお腹が弱いですから、お腹にやさしい物を食べてください。
Y : お腹にやさしい物ですか。どんなものでしょうか。
D : そうですね。白いパンとかおかゆとかうどんとかですね。
Y : ラーメンはあまりよくないですか。お酒は？
D : 両方ともよくないですね。
Y : 肉や魚はどうですか。やさいはいいですよね。
D : そうですね。肉は、牛やぶた肉よりもとり肉のほうがいいですよ。
やさいも、そのままじゃなく煮たり、蒸したりしてください。

ヤンさんはどんなものを食べたらいいですか。

1 煮たり、蒸したりした野菜やとり肉やおかゆなど
2 煮たり、蒸したりした野菜や牛やぶた肉など
3 ラーメンやお酒やタバコなど
4 お腹にやさしいコーヒーや野菜など

의사(D)가 얀 씨(Y)에게 음식에 대해서 조언하고 있습니다. 얀 씨는 어떤 음식을 먹으면 됩니까?

D : 얀 씨는 위가 약하니 위에 부드러운 음식을 드세요.
Y : 위에 부드러운 음식 말인가요? 어떤 것이 있습니까?
D : 그렇군요. 흰 빵이나 죽이나 우동 등이 있습니다.
Y : 라면은 별로 좋지 않습니까? 술은요?
D : 둘 다 좋지 않습니다.
Y : 고기나 생선은 어떤가요? 채소는 괜찮지요?
D : 그렇군요. 고기는 쇠고기나 돼지고기보다 닭고기가 더 좋습니다.
채소도 생 것 말고 삶거나 쪄서 드세요.

얀 씨는 어떤 음식을 먹으면 됩니까?

1 삶거나 찐 채소나 닭고기나 죽 등
2 삶거나 찐 채소나 쇠고기나 돼지고기 등
3 라면이나 술이나 담배 등
4 위에 부드러운 커피나 채소 등

8ばん ── 4-10

パソコンの先生が生徒に話しています。生徒はどんなことに注意しますか。

F : 皆さん、こんにちは。パソコンは一台ずつ使ってください。毎日、来たら、す

ぐ電源のスイッチをいれて、パソコンをたちあげてください。
そのとき、決められたパスワードを入れて、エンターキーを押してください。
帰る時は、必ずシャットダウンをして、電源を切ってください。
つけたままで、帰らないでくださいね。
よろしくお願いします。

生徒はどんなことに注意しますか。

1　パスワードは、自分で自由に決めてください
2　パスワードは、決められたものをいれなければなりません
3　終わったら、シャットダウンをしないでください
4　終わったら、そのまま帰ってかまいません

컴퓨터 선생님이 학생에게 이야기하고 있습니다. 학생은 어떤 것에 주의합니까?

F : 여러분, 안녕하세요. 컴퓨터는 한 대씩 사용하세요. 매일, 오자마자 전원 스위치를 누르고, 컴퓨터를 켜 주세요. 그때 정해진 비밀번호를 입력하고, 엔터키를 눌러 주세요. 집에 갈 때는 반드시 정지하고 전원을 꺼주세요. 켜둔 채로 집에 가지 말아주세요. 잘 부탁합니다.

학생은 어떤 것에 주의합니까?

1　비밀번호는 자기 마음대로 정하세요
2　비밀번호는 정해진 것을 입력해야 합니다
3　끝나면 정지하지 말아 주세요
4　끝나면 그대로 돌아가도 상관없습니다

問題2　4-11

1ばん　　　　　　　　　　　　　4-12

男の人と女の人が話しています。男の人はどうして日本語クラスに遅れましたか。

F : 今日、遅かったでしょ。朝、起きられなかったの？
M : いや、そうじゃないんだ。
F : きのう、いっしょにお酒をたくさん飲んだから…。
M : あー、そーだったね。でも、それは関係ないと思うよ。
　　じつは、駅について、下をみたら、自分のくつの色がちがうんだよ。
F : えー。どういうこと？
M : 右足は、黒で、左足は、茶色なんだよ。だから、家にもどって、はきかえたんだよ。
F : そうだったの。きのう、飲みすぎたからだと思ってたわ。

男の人はどうして日本語クラスに遅れましたか。

1　朝、起きられなかったから
2　きのう、お酒をのんだから
3　駅で、ボーっとしていたから
4　家に戻って、くつをはきかえたから

여자와 남자가 이야기하고 있습니다. 남자는 왜 일본어 수업에 늦었습니까?

F : 오늘 지각했지. 아침에 못 일어난 거야?
M : 아니, 그게 아니야.
F : 어제, 함께 술을 잔뜩 마셨으니…….

M : 아, 그랬지. 그런데 그건 상관없다고 생각해. 사실 역에 도착해서 아래를 봤더니, 신발 색깔이 다른 거야.
F : 뭐? 무슨 말이야?
M : 오른쪽은 검은색이고, 왼쪽은 갈색이었어. 그래서 집에 돌아가서 갈아 신었어.
F : 그랬구나. 어제 과음했기 때문이라고 생각했어.

남자는 왜 일본어 수업에 늦었습니까?

1 아침에 일어나지 못해서
2 어제 술을 마셔서
3 역에서 멍하니 있어서
4 집에 돌아가서 신발을 갈아 신어서

2ばん ── 4-13

男の人はどうして車の代金を一回でぜんぶ払いませんでしたか。

F : すご～い！新しい車買ったのね。
M : いいや、新しくないんだ、中古だよ。でも、きれいだろ。
F : うん、きれいね。ところで、いくらなの？
M : ６５万円だよ。
F : へー！それで、６５万円一回で、払ったの。
M : いいや、ぜんぶ払ってから、もんだいがでてきたら、困るだろ。だから、まず、先週３０万円払って、のこりは、来月払うつもりだよ。
F : そうね。そのほうがいいいわね。

男の人はどうして車の代金を一回でぜんぶ払いませんでしたか。

1 お金がないから
2 もんだいがでるかもしれないから
3 新しい車ではないから
4 一回こしょうしたから

남자는 왜 자동차 대금을 한 번에 다 내지 않았습니까?

F : 멋지다! 새 차 샀구나.
M : 아냐, 새 거 아니야. 중고야. 그래도 깨끗하지?
F : 응, 깨끗해. 그런데 얼마야?
M : 65만 엔이야.
F : 우와! 그래서 65만 엔을 한 번에 낸 거야?
M : 아니, 다 내고 나서 문제가 생기면 곤란하잖아. 그래서 일단 지난 주에 30만 엔을 내고, 나머지는 다음 달에 낼 거야.
F : 그러네. 그러는 편이 좋겠어.

남자는 왜 자동차 대금을 한 번에 다 내지 않았습니까?

1 돈이 없어서
2 문제가 생길지도 몰라서
3 새 차가 아니라서
4 한 번 고장 나서

3ばん ── 4-14

男の人と女の人が話しています。男の人は、どうしてペットボトルを今日捨ててしまったのですか。

F : もしもし、ペットボトルは今日すてちゃだめですよ。
M : えぇー！どうしてですか。今日は、カンや瓶やペットボトルの日でしょ。
F : 違うわよ。今日は、もえないゴミの日よ。再生資源ゴミの日じゃないわよ。

M：ええー！だって、今日は第二木曜日でしょ。
F：ペットボトルとか瓶とかカンは、毎月、第三木曜日ですよ。
M：ええー！第二木曜日だと思っていたよ。
F：さぁー！家に持って帰って、来週出すことね。

男の人は、どうしてペットボトルを今日捨ててしまったのですか。

1 今日は第二木曜日だから
2 今日は第三木曜日だから
3 捨てる日を間違えたから
4 家に持って帰るのがいやだったから

남자와 여자가 이야기하고 있습니다. 남자는 어째서 페트병을 오늘 버리고 말았습니까?

F : 저기요, 페트병은 오늘 버리면 안 돼요.
M : 네? 왜요? 오늘은 캔이나 유리병, 페트병을 버리는 날이잖아요.
F : 아니에요. 오늘은 타지 않는 쓰레기 버리는 날이에요. 재활용 쓰레기 버리는 날이 아니에요.
M : 네? 하지만 오늘은 둘째 주 목요일이잖아요.
F : 페트병이나 유리병, 캔은 매달 셋째 주 목요일이에요.
M : 세상에! 둘째 주 목요일이라고 생각했어요.
F : 자! 집에 가져 가서 다음 주에 버리세요.

남자는 어째서 페트병을 오늘 버리고 말았습니까?

1 오늘은 둘째 주 목요일이라서
2 오늘은 셋째 주 목요일이라서
3 버리는 날을 착각해서
4 집에 들고 가기 싫어서

4ばん 　　　　　　　　　　 4-15

お母さん(F)と子ども(K)が話しています。子どもは、どうして漢字を辞書で調べないのですか。

F：もう宿題は、終わったの。
K：まだ、いまやっているところ。
F：宿題じゃないでしょ。携帯電話で、メールをうっているんじゃない。
K：メールじゃないよ。携帯で漢字をしらべているんだよ。
F：どうして、辞書を使わないの。去年、買ってあげたでしょ。
K：だって、辞書は重いし、時間がかかるんだよ。携帯電話のほうが、はやいし、便利だし、かっこいいし。
F：あ〜あ〜。辞書も使えなくなるわね。

子どもは、どうして漢字を辞書で調べないのですか。

1 辞書は、重いし、時間がかかるから
2 辞書は、使えないから
3 辞書は、買ったばかりだから
4 辞書は、漢字が多すぎるから

어머니(F)와 아이(K)가 이야기하고 있습니다. 아이는 어째서 한자를 사전으로 찾지 않습니까?

F : 이제 숙제 다 했니?
K : 아직이요. 지금 하고 있어요.
F : 숙제하는 게 아니잖니. 휴대 전화로 문자 보내고 있잖아.
M : 문자 아니에요. 휴대 전화로 한자를 찾고 있었어요.
K : 왜 사전을 쓰지 않니? 작년에 사 줬잖아.
M : 그렇지만 사전은 무겁고, 시간이 걸려요.

휴대 전화가 더 빠르고, 편리하고, 멋지잖아요.
K : 아아. 사전도 쓸 수 없게 되겠구나.

아이는 어째서 한자를 사전으로 찾지 않습니까?

1 사전은 무겁고, 시간이 걸려서
2 사전은 쓸 수 없어서
3 사전은 산 지 얼마 안 돼서
4 사전은 한자가 너무 많아서

5ばん ── 4-16

ビルのエレベーターの前で、男の人と女の人が話しています。女の人は、どうしてエレベーターを使わないのですか。

M : 何階まで行くんですか。
F : 5階まで行きます。
M : 私も5階に行きます。さあー、乗りましょう。
F : ええ、でも、どうしようかな。5階までなら、階段で行こうかな…。
M : え！なんでですか。エレベーターで行きましょう。
F : 今日は、ぜんぜん動いてないし、健康のためにも、階段を上がろうかな…。
M : さあー、どうするんですか。乗るんですか。乗らないんですか。
F : どうぞ、お先に行ってください。私は、階段を使いますから。

女の人は、どうしてエレベーターを使わないのですか。

1　エレベーターはこわいから
2　エレベーターは健康にわるいから
3　男の人と一緒に乗りたくないから
4　階段を上がるほうが、健康によいから

건물 엘리베이터 앞에서 남자와 여자가 이야기하고 있습니다. 여자는 어째서 엘리베이터를 사용하지 않습니까?

M : 몇 층까지 가십니까?
F : 5층까지 갑니다.
M : 저도 5층에 갑니다. 그럼, 탑시다.
F : 저기, 어떻게 하지. 5층까지면 계단으로 갈까…….
M : 네? 어째서요? 엘리베이터로 갑시다.
F : 오늘은 전혀 움직이지 않았고, 건강을 위해서도 계단으로 올라갈까…….
M : 그럼 어떻게 하시겠습니까? 타실래요? 타지 않으실래요?
F : 어서 먼저 가세요. 저는 계단을 사용할 테니까요.

여자는 어째서 엘리베이터를 사용하지 않습니까?

1 엘리베이터는 무서워서
2 엘리베이터는 건강에 나빠서
3 남자와 같이 타고 싶지 않아서
4 계단을 오르는 편이 건강에 좋아서

6ばん ── 4-17

日本人の女の人とアリさんが話しています。アリさんは、日本語は、何が一番難しいと言っていますか。

F : アリさん、何年、日本語の勉強をしているんですか。
A : そうですね。もう5年ですね。
F : すご〜い。もうペラペラでしょう。
A : とんでもない。でも、会話は、まあまあですが、とくに、看板のカタカナは読む

のがたいへんですよ。
F：えー！そうなんですか。漢字が一番難しいと思ってましたが。
A：漢字は、なれると、とてもべんりですよ。カタカナは、英語と意味が同じのものと、違うものもあるし…。ぼくは、一番困っていますよ。
F：そうなんですか。私のような日本人には、わかりませんでした。

アリさんは、日本語は、何が一番難しいと言っていますか。

1 日本語の会話
2 日本語のひらがな
3 日本語のカタカナ
4 日本語の漢字

일본인 여자와 알리 씨가 이야기하고 있습니다. 알리 씨는, 일본어는 무엇이 가장 어렵다고 말합니까?

F：알리 씨, 몇 년째 일본어 공부를 하고 있습니까?
A：글쎄요. 벌써 5년이군요.
F：대단하네요. 이제 술술 나오겠네요.
A：전혀 그렇지 않아요. 그나마 회화는 그럭저럭 되는데, 특히 간판의 가타카나는 읽기 힘듭니다.
F：저런! 그렇습니까? 한자가 제일 어려울 거라고 생각했는데요.
A：한자는 익숙해지면 무척 편리합니다. 가타카나는 영어와 뜻이 같은 것과 다른 것도 있고……. 저는 가장 어렵습니다.
F：그렇군요. 저 같은 일본인은 몰랐습니다.

알리 씨는, 일본어는 무엇이 가장 어렵다고 말합니까?

1 일본어 회화
2 일본어 히라가나
3 일본어 가타카나
4 일본어 한자

7ばん　　　　　　　　4-18

男の人と女の人が話しています。男の人は、どうしてとちゅうで止めようと思いましたか。
M：や～！しばらくだね。
F：ほんとね。ずっと会わなかったけど、どこかに行っていたの？
M：うん、ハワイでホノルルマラソンに出てたんだよ。
F：えっ！ほんと。４２ｋｍ走ったの。
M：うん、でもとちゅうで、足が痛くなって、１ｋｍぐらいは歩いたんだよ。それに、暑くてね。もう、止めようかなって思ったんだけど…。
F：でも、さいごまで、走ってゴールしたんでしょ。
M：うん、まわりの人が、「がんばれ！がんばれ！」って言ってくれてね。
F：そう、よかった！よかった！

男の人は、どうしてとちゅうで止めようと思いましたか。

1 暑いし、足も痛かったから
2 暑くて、歩いたから
3 まわりの人がうるさかったから
4 暑くなかったけど、足が痛かったから

남자와 여자가 이야기하고 있습니다. 남자는 어째서 도중에 그만두려고 생각했습니까?

M : 이야! 오랜만이야!
F : 정말이야. 계속 못 만났는데, 어디 갔었어?
M : 응, 하와이에서 호놀룰루 마라톤에 나갔었어.
F : 뭐? 정말? 42km 달린 거야?
M : 응, 그런데 도중에 발이 아파서 1km 정도는 걸었어. 게다가 더워서 말이지. 이제 그만둘까 하고 생각했는데…….
F : 그래도 끝까지 달려서 골인한 거지?
M : 응, 주위에서 "힘내요! 힘내요!"라고 응원해줘서.
F : 그래, 다행이다! 다행이야!

남자는 어째서 도중에 그만두려고 생각했습니까?

1 덥고 발이 아파서
2 덥고 걸어서
3 주위 사람들이 시끄러워서
4 덥지는 않았지만 발이 아파서

問題3 4-19

1ばん 4-20

仕事が終わりました。一緒に働いている人に何と言いますか。

1　お元気で。
2　お疲れさまでした。
3　お大事に。

일이 끝났습니다. 함께 일한 사람에게 뭐라고 이야기합니까?

1 잘 지내세요.
2 수고하셨습니다.
3 몸조심하세요.

2ばん 4-21

はじめて会った人に仕事を聞きます。

1　仕事が終わったら何をしますか。
2　あなたにとって仕事とは何ですか。
3　お仕事は何をしていらっしゃるんですか。

처음 만난 사람에게 직업을 묻습니다.

1 일이 끝나면 무엇을 합니까?
2 당신에게 일이란 무엇입니까?
3 무슨 일을 하고 계십니까?

3ばん 4-22

窓が開いていて、寒いです。何と言いますか。

1　窓を閉めていただけませんか。
2　窓は閉まっていますか。
3　窓を閉めなければなりませんか。

창문이 열려서 춥습니다. 뭐라고 이야기합니까?

1 창문을 닫아주시겠습니까?
2 창문은 닫혀 있습니까?
3 창문을 닫아야 합니까?

4ばん 4-23

電話で話しています。まわりがうるさいです。何と言いますか。

1　まわりがうるさくて、聞いたほうがいいですが。
2　まわりがうるさくて、聞こえないかもしれません。
3　まわりがうるさくて、聞こえないんですが。

전화를 하고 있습니다. 주위가 시끄럽습니다. 뭐라고 이야기합니까?

1 주위가 시끄러워서 듣는 쪽이 좋습니다.
2 주위가 시끄러워서 들리지 않을지도 모릅니다.
3 주위가 시끄러워서 들리지 않습니다.

5ばん 4-24

友達に明日の天気について聞かれました。何と言いますか。

1 明日はいい天気になるって。
2 明日はいい天気にならなくちゃ。
3 明日はいい天気になったら。

친구가 내일 날씨를 물었습니다. 뭐라고 이야기합니까?

1 내일은 날씨 좋대.
2 내일은 날씨가 좋아야지.
3 내일은 날씨가 좋아진다면.

問題4 4-25

1ばん 4-26

F：コーヒーにミルクを入れますか。
 1 いいえ、けっこうです。
 2 はい、2つお願いします。
 3 いいえ、水をください。

F：커피에 우유를 넣습니까?

1 아니요, 괜찮습니다.
2 네, 두 개 주세요.
3 아니요, 물을 주세요.

2ばん 4-27

M：最近、キムさんをみかけませんね。
 1 明日、京都に行くそうです。
 2 昨日、京都に行きました。
 3 京都にひっこししたそうです。

M：요즘 김 씨가 안 보이네요.

1 내일 교토에 간다고 합니다.
2 어제 교토에 갔습니다.
3 교토로 이사 갔다고 합니다.

3ばん 4-28

F：このバスは何時に大阪に着きますか。
 1 午後8時ごろ出ます。
 2 午後8時ごろに着きません。
 3 午後8時ごろ着く予定です。

F：이 버스는 몇 시에 오사카에 도착합니까?

1 오후 8시경 출발합니다.
2 오후 8시경에 도착하지 않습니다.
3 오후 8시경 도착할 예정입니다.

4ばん 4-29

M：お寿司を食べに行きませんか。
 1 残念ですが、生ものは食べられないんです。
 2 はい、お寿司は食べません。
 3 いいえ、食べに行きませんでした。

M：초밥을 먹으러 가지 않겠습니까?

1 유감입니다만, 날 것은 못 먹습니다.
2 네, 초밥은 먹지 않습니다.
3 아니요, 먹으러 가지 않았습니다.

5ばん　　　4-30

M：その本は私がキムさんからもらったんだ。

1　そう。キムさんがあなたにあげたのね。
2　そう。キムさんがあなたにもらったのね。
3　そう。あなたがキムさんにくれたのね。

M : 그 책은 내가 김 씨에게 받은 거야.

1 그렇구나. 김 씨가 네게 주었구나.
2 그렇구나. 김 씨가 네게 받았구나.
3 그렇구나. 네가 김 씨에게 주었구나.

6ばん　　　4-31

M：おとといは、雨に降られてハイキングに行けなかったよ。

1　それは良かったわね。
2　それは残念だったわね。
3　それは、お疲れさまだったわね。

M : 그저께는 비가 내려서 하이킹을 갈 수 없었습니다.

1 그것 참 다행이군요.
2 그것 참 유감이군요.
3 그것 참 수고했군요.

7ばん　　　4-32

F：明日、晴れたら海に行かない?

1　いいね。でも、雨だったら、どうする。
2　う〜ん、晴れたらいかないよ
3　うん、雨だったら、行こう。

F : 내일, 날씨 맑으면 바다에 가지 않을래?

1 흠. 그런데 비가 오면 어떻게 하지?
2 아니, 맑으면 가지 않을 거야.
3 그래. 비 오면 가자.

8ばん　　　4-33

F：薬屋に行けば、シャンプーが買えるかな?

1　そうね。薬屋じゃ売ったほうがいいかもしれないわね。
2　そうね。薬屋じゃなく、電気屋が売るんじゃない。
3　そうね。薬屋じゃなくても、スーパーでも売っているんじゃない。

F : 약국에 가면 샴푸를 살 수 있을까?

1 글쎄. 약국이라면 파는 편이 좋을지도 모르겠네.
2 글쎄. 약국 말고 전기상에서 팔지 않을까?
3 글쎄. 약국이 아니라도 슈퍼마켓에서도 팔지 않아?

모의테스트2 번역

〈언어지식(문자・어휘)〉

문제1 밑줄 친 단어는 어떻게 읽습니까? 1·2·3·4 중에서 가장 알맞은 것을 하나 고르시오.

1 인터넷을 너무 많이 봐서 눈이 피곤합니다.
　4 め

2 일본은 안전한 나라라고 합니다.
　3 あんぜん

3 모차르트의 음악을 들으면 마음이 놓입니다.
　2 おんがく

4 일본 애니메이션은 인기가 있습니다.
　1 にんき

5 디지털 카메라를 사러 아키하바라에 갈 예정입니다.
　2 か

6 한국에는 매운 요리가 많습니까?
　3 りょうり

7 빨간 옷을 입으면 기운이 납니다.
　1 き

8 우체국에 우표를 10장 사러 갑니다.
　2 きって

9 슬픈 영화를 보고 울어 버렸습니다.
　3 かな

문제2 밑줄 친 단어는 어떻게 씁니까? 1·2·3·4 중에서 가장 알맞은 것을 하나 고르시오.

10 점심 밥을 잔뜩 먹었더니 졸립니다.
　2 ご飯

11 요즘 일본에서는 여자 아기가 많이 태어나고 있습니다.
　4 女

12 은행에서 2천만 엔을 빌려서 새 집을 지었습니다.
　3 借

13 텔레비전이 달린 휴대 전화를 갖고 싶습니다.
　1 電話

14 이 책상은 무거워서 옮길 수 없습니다.
　2 重

15 일본어 공부는 무척 즐겁습니다.
　4 楽

문제3 (　　)에 무엇을 넣습니까? 1·2·3·4 중에서 가장 알맞은 것을 하나 고르시오.

16 일본에서는 축구도 야구도 (　　) 입니다.
　1 유명　2 소개　3 최근　4 유행

17 저는 일본 문화에 무척 (　　)가 있습니다.
　1 흥미　2 경험　3 구경　4 원인

18 다른 나라의 풍습에 (　　) 것은 시간이 걸리는 군요.
　1 익숙해지다　　2 알다
　3 배우다　　　　4 만나다

19 (　　)서 얼굴이 빨갛게 되었습니다.
　1 외로워　2 슬퍼　3 맛있어　4 부끄러워

20 (　　)한 답에 ○를 쳐 주세요.
　1 새로운　2 た　3 바른　4 괴로운

21 감기에 걸리지 않도록 (　　)를 기울입시다.
　1 손　2 주의　3 몸　4 털

22 그 사람은 항상 검은 옷 (　　) 입는군요.
　1 ~만　　　　2 ~걸리는
　3 ~정도　　　4 ~밖에

23 저는 어머니가 아니라 아버지와 (   ).
1 닮지 않습니다   2 닮았습니다
3 보고 있습니다   4 보지 않습니다

24 일본어는 아직 잘 모르니까 (   ) 영어로 이야기해 주세요.
1 과연   2 좀처럼
3 할 수 없이   4 되도록

25 알리 씨의 어머니는 88세의 나이로 (   ).
1 사라졌습니다   2 돌아가셨습니다
3 잃어버렸습니다   4 닫았습니다

문제4 밑줄 친 문장과 거의 같은 의미의 문장이 있습니다. 1·2·3·4 중에서 가장 알맞은 것을 하나 고르시오.

26 E메일로 주소를 연락하겠습니다.
1 E메일로 주소를 말하겠습니다.
2 E메일로 주소를 덧붙이겠습니다.
3 E메일로 주소를 알리겠습니다.
4 E메일로 주소를 이야기하겠습니다.

27 이미 저녁 밥은 다 지었습니다.
1 이미 저녁 밥은 만들었습니다.
2 이미 저녁 밥은 만들지 않았습니다.
3 아직 저녁 밥은 지을 수 없습니다.
4 아직 저녁 밥은 만들고 있습니다.

28 저는 주말에 알리 씨의 집에 초대 받았습니다.
1 알리 씨는 주말에 저를 집으로 불러 주었습니다.
2 저는 주말에 알리 씨에게 소개 받았습니다.
3 저는 주말에 알리 씨를 집으로 초대했습니다.
4 알리 씨는 주말에 제 집으로 와 주었습니다.

29 월요일과 목요일에 쓰레기를 버려 주세요.
1 월요일과 목요일에 쓰레기를 주웁시다.
2 화요일에 쓰레기를 버리면 안 됩니다.
3 화요일에 쓰레기를 주워도 됩니다.
4 수요일에 쓰레기를 버려야 합니다.

30 난방을 틀고 있어서, 문을 닫아 놓았습니다.
1 문이 닫히고 난방이 틀어졌습니다.
2 문이 닫히고 난방을 틀고 있습니다.
3 문을 닫고 난방을 틀었습니다.
4 문을 닫아서 난방이 틀어졌습니다.

문제5 다음 단어의 사용법으로 가장 알맞은 것을 1·2·3·4 중에서 하나 고르시오.

31 せわ(돌봄)
1 지금 흰 고양이를 돌보고 있습니다.
2 매일 라디오를 돌보고 있습니다.
3 매일 일본어를 돌보고 있습니다.
4 매일 요리를 돌보고 있습니다.

32 てつだう(돕다)
1 친구는 돈이 없어서 도왔습니다.
2 동생이 다쳐서 도왔습니다.
3 친구의 일을 도왔습니다
4 친구의 가족을 도왔습니다

33 りょうほう(양쪽, 둘 다)
1 고기도 생선도 둘 다 합니다.
2 고기도 생선도 둘 다 좋아합니다.
3 사과도 귤도 딸기도 둘 다 좋아합니다.
4 야채 등은 둘 다 합니다.

34 るす(부재중, 집을 비우다)
1 이 상품은 낡아서 부재중이라고 합니다.
2 일요일 가게는 부재중입니다
3 선생님 댁에 갔습니다만 부재중이었습니다.
4 어느 요일이든 공장은 부재중이었습니다.

35 ようじ(볼 일, 용건)
1 내일은 볼 일이 있으니 다른 날로 해주시지 않겠습니까?
2 내일은 볼 일이 있으니 함께 영화 보러 갑시다.
3 내일은 볼 일이 없어서 영화를 보러 갈 수 없습니다.
4 내일은 볼 일이 없어서 바쁩니다.

〈언어지식(문법) · 독해〉

문제1 (　)안에 무엇을 넣습니까? 1·2·3·4 중에서 가장 알맞은 것을 하나 고르시오.

1　A「비는 벌써 그친 (　), 저 사람은 아직도 우산을 쓰고 있네요.」
　　B「그러네요. 아직 약간 내리는 걸까요?」
　1　~라도　　　　2　~라서
　3　~인데　　　　4　~니까

2　A「C 씨는 어떻게 지내실까요?」
　　B「아, D 씨가 말하기를 C 씨는 결혼했다 (　) 합니다.」
　1　~일지도　　　2　~라고
　3　~등　　　　　4　~니까

3　A「리 씨가 다음 달에 귀국한대.」
　　B「뭐? 정말이야? (　) 되겠구나.」
　1　쓸쓸하다　　　2　기쁘게
　3　기쁘다　　　　4　쓸쓸하게

4　(이발소에서)
　　A「머리를 조금 잘라 주세요.」
　　B「네, 2cm (　)로 괜찮습니까?」
　1　~등　　　　　2　~보다
　3　~정도　　　　4　~부터

5　A「세계 (　) 가장 인구가 많은 나라는 어디입니까?」
　　B「그건 중국이겠지요.」
　1　~에서　　　　2　~에
　3　~이　　　　　4　~와

6　A「공항 (　) 리무진 버스의 승차장은 어디인가요?」
　　B「아. 저쪽 은행 앞입니다.」
　1　행　　　　　　2　가다
　3　가라　　　　　4　가는지

7　A「이 방에서 담배를 피워도 됩니까?」
　　B「죄송합니다, 밖에서 (　).」
　1　피우면 안 됩니다　2　피워도 됩니다
　3　피우세요　　　　4　피워주시겠습니까?

8　어머니「얼른 밥을 (　).」
　　아이「알았어요, 이 게임만 다하면 먹을게요.」
　1　먹지 않는다　　2　먹어라
　3　먹어도 된다　　4　먹으면 안 된다

9　A「그렇게 몇 잔이나 커피를 마시면 몸에 좋지 않을 텐데요.」
　　B「그렇게 많이 마시지 않아요. 아직 3잔 (　) 마시지 않았어요.」
　1　~만　　　　　2　~정도
　3　~보다　　　　4　~밖에

10　A「오늘 아침, 8시 전철에 시간 맞춰 탈 수 있었습니까?」
　　B「아니요, 마침 나왔을 (　)이었습니다.」
　1　~한 참　　　　2　~할 터
　3　~한 지 얼마 안 된　4　~정도

11　A「다음 달 하와이에 함께 가지 않겠습니까?」
　　B「네? 한 번도 (　)해서, 기쁩니다.」
　1　간 적이 있다　　2　간 적이 없다
　3　가고 싶다　　　4　갈 예정이다

12　A「오늘 오후 3시경에 찾아 뵈어도 괜찮겠습니까?」
　　B「네, 괜찮습니다. (　).」
　1　찾아 뵙시다　　2　찾아 뵈어도 됩니다
　3　기다리고 있겠습니다　4　기다릴지도 모릅니다

13　A「또 전철 안에 우산을 잊고 (　).」
　　B「네? 또 말입니까? 이번으로 몇 번째입니까?」
　1　받자　　　　　2　안 됩니다
　3　있었습니다　　4　말았습니다

14　A「여러 모로 친절하게 (　), 감사했습니다.」
　　B「천만에요. 또 반드시 와 주세요.」
　1　해 드려서　　　2　해 주셔서
　3　주셔서　　　　4　하고 계셔서

15　A「도서관에서 음악을 (　) 공부해도 됩니까?
　　B「그러면 안 되죠. 주위에 들리니까요.」
　1　들으면서　　　2　듣고 싶은
　3　들으려고　　　4　들으면

문제2 ★ 에 들어갈 것은 어느 것입니까? 1·2·3·4 중에서 가장 알맞은 것을 하나 고르시오.

16 스테레오 리모컨, ____ ★ ____ ____ 해 주세요.
(스테레오 리모컨, 작동하지 않으니 건전지를 교환해 주세요..)
1 ~해서　　　　2 바꾸어서
3 작동하지 않다　4 건전지를

17 이 ____ ____ ____ ★ 합니다.
(이 꽃은 좋은 향기가 납니다.)
1 향기　　　　　2 가
3 꽃은　　　　　4 좋다

18 알리 씨는 ____ ★ 아직 일본의 ____ __ 익숙하지 않습니다.
(알리 씨는 온 지 얼마 안 되어 아직 일본의 풍습에 익숙하지 않습니다.)
1 왔다　　　　　2 풍습
3 ~한 지 얼마 안 된　4 ~에

19 A「내일 오후부터 비가 온다고 합니다.」
B「그렇습니까? 그렇다면 ____ ____ ★ ____ 이군요.」
(그렇습니까? 그렇다면 우산을 가져 가는 편이 좋겠군요.)
1 가지고　　　　2 우산을
3 갔다　　　　　4 ~인 편이 좋다

20 A「맛있어 보이는 수프네요.」
B「네, ____ ★ ____ ____ .」
(네, 식기 전에 드세요.)
1 동안에　　　　2 마셔
3 ~해 주세요　　4 식지 않다

문제3 21 부터 25 에 무엇을 넣습니까? 1·2·3·4 중에서 가장 알맞은 것을 하나 고르시오.

다음 글은 리 씨가 친구인 야마다 씨에게 쓴 편지입니다.

　야마다 씨, 잘 지내시나요? 저는 지난달부터 노인홈에서 근무하기 시작했습니다. 일주일에 3일 21 . 아침 8시부터 5시까지와 오후 4시부터 12시까지입니다. 때때로 밤부터 자지 않고 아침까지 일합니다.
하는 일은 노인 분들을 돌보는 것입니다. 손을 잘 움직이지 못하는 분이 식사를 하는 22 을 도와 드립니다. 23 분의 휠체어를 밀어 드립니다.
화장실에 스스로 갈 수 없는 분을 돕습니다. 일은 힘들고 무척 피곤합니다. 하지만 할머니나 할아버지가 하루에 몇 번이고 "고맙네."라고 말해 주십니다. 24 때 무척 기쁩니다. 가끔씩 노인 분의 일본어를 못 알아 듣고, 노인 분도 제 일본어를 25 귀가 잘 안 들리는 분도 많아서 큰 소리로 분명하게 말해야 합니다. 일본어를 더 잘 하고 싶습니다. 그럼, 이만 줄이겠습니다.

2010년 2월 1일
리 드림

(주1) 노인홈 : 자기 집에서 생활하기 어려운 할아버지와 할머니가 함께 생활하는 곳

21　1 일하겠지요　　2 일할지도 모릅니다
　　3 일했습니다　　4 일하고 있습니다

22　1 ~까지　　　　2 것
　　3 ~이나　　　　4 ~등

23　1 걷지 않다　　 2 걸을 수 없다
　　3 걷다　　　　　4 걷자

24　1 그런　　　　　2 저런
　　3 이런　　　　　4 어떤

25　1 모르겠지요　　2 모르는 편이 좋습니다
　　3 모르는 것 같습니다　4 모를 터이다

문제4 다음 문장을 읽고 질문에 답하시오. 정답은 1·2·3·4 중에서 가장 알맞은 것을 하나 고르시오.

스매시 테니스 스쿨이 3월에 오픈합니다.
3월 7일부터 4월 30일까지 무료로 테니스 레슨을 받을 수 있습니다.
만약 3월 31일까지 스쿨에 가입하면 첫 1개월 분(8,400엔)의 레슨비와 가입 시 지불하는 5,250엔도 무료입니다.
거기다 멋진 기념품도 있습니다. T셔츠는 모든 분께 제공합니다. 테니스 라켓과 테니스 가방은 둘 중 하나를 고릅니다.
자! 봄부터 테니스를 시작해보지 않으시겠습니까?

---

26 3월 중에 이 스쿨에 가입하면 처음에 얼마를 지불하고, 어떤 기념품을 받을 수 있습니까?
1 5,250엔. T셔츠와 테니스 라켓과 테니스 가방
2 8,400엔. T셔츠나 테니스 라켓과 테니스 가방
3 0엔. T셔츠나 테니스 라켓이나 테니스 가방
4 0엔. T셔츠와 테니스 라켓이나 테니스 가방

직원 모집 : 주유소에서 함께 일하지 않겠습니까?
업무 : ・가솔린을 넣는다
　　　・세차한다
　　　・기타 간단한 잡무
장소 : 히가시 오사카 시 야오 에네오스
　　　(*자동차로 출퇴근 가능)
시간 : 7:30~21:00 중에서 4~8시간
　　　* 주 3~4일 이상 근무할 수 있는 사람
　　　* 평일 저녁과 토, 일요일도 일할 수 있는 사람
　　　◎ 시간은 협의합시다
시급 : 800엔~
근무를 원하시는 분은 먼저 전화 주세요.
히가시 오사카 시 야오 에네오스 / 담당 스즈키에게
　　　　　　　　　TEL : 06-6690-8556

---

27 라오 씨는 월요일부터 금요일 오전 중, 매일 일본어 학교에 다니고 있습니다. 이 주유소에서 일할 수 있습니까?

1 매일 일본어 학교에 다니고 있어서 일할 수 없습니다.
2 평일이라도 오후부터는 일할 수 있습니다.
3 토요일과 일요일만 일할 수 있습니다.
4 언제든지 일할 수 있습니다.

위장 엑스레이를 찍으실 분께
다음 주의 사항을 지켜 주세요.
■ 반드시 오전 중에 찍으세요.
■ 검사 전날에는 저녁 식사를 밤 8시까지 드세요.
　(가급적 빠른 시간에 드시기 바랍니다.)
■ 검사 전날에는 너무 많이 드시거나 마시지 말아 주세요.
■ 검사 날에는 아무것도 드시거나 마시지 말고 오시기 바랍니다.
■ 항상 약을 드시는 분은 의사 선생님과 상의해 주세요.

* 임신 중인 분은 위장 엑스레이를 찍을 수 없습니다

---

28 위장 엑스레이를 찍을 사람은 어떤 주의가 필요합니까?
1 검사는 오후이므로, 그날 아침밥은 먹어도 된다.
2 검사 전날 저녁밥과 검사 날의 아침밥은 먹을 수 없다.
3 검사는 오전 중이므로 그날 아침밥은 먹으면 안 된다.
4 항상 먹는 약은 먹어도 상관없다.

어떤 때, 어떤 사람에게 선물을 합니까?
신세를 진 분께, 결혼한 친구에게, 회사를 그만둔 분께, 자신이 사랑하는 사람에게…… 등등.
그때, 물건만 주지 말고, 자신의 마음을 전합시다.
한마디라도 괜찮습니다. "고마워요." "축하해요." "수고하셨습니다." "사랑해요."라고 메시지를 씁시다.
선물을 줄 상대에게 메시지 카드를 함께 주면, 선물을 받은 사람은 물건만 받은 것보다 훨씬 기쁘게 여길 것입니다.

| 29 | 어떤 선물을 받으면 기쁘다고 이야기합니까?
1 값비싼 것
2 자신이 만든 것
3 마음을 전하는 메시지가 있는 것
4 메시지가 가득 적혀 있는 것

문제5 다음 문장을 읽고 질문에 답하시오. 정답은 1·2·3·4 중에서 가장 알맞은 것을 하나 고르시오.

나라(일본의 지명)에 있는 도다이지의 대불을 알고 있습니까?
도다이지는 세계에서 가장 오래된 목조 건물입니다. 그 안에 있는 대불은 굉장히 크고, 유명합니다. 지금 있는 건물은 1709년에 지은 것입니다.
그때까지 몇 번이나 지진과 전쟁으로 건물이 불탔습니다.
1567년에는 건물뿐 아니라 대불의 머리도 불타서 없어지고 말았습니다.
그때부터 대불은 100년 이상이나 지붕이 없어서 비에 젖고, 세찬 바람을 계속 맞아왔습니다.
17세기에 고케라는 승려(1647~1705)가 '비 내리는 날이라도 나는 집도 있고 우산도 있어서 젖지 않으나, 대불님은 집도 우산도 없는…… 가엾도다.'라고 하며 매우 많이 슬퍼했습니다.
그래서 그는 대불님을 비와 바람으로부터 지키기 위해서 절을 다시 한 번 새로 짓기로 마음먹었습니다.
그는 20년 동안이나 전 일본을 돌아다니며 돈을 모았습니다.
이는 참으로 힘든 일이었습니다. 그리고 그가 열심히 전 일본의 사람들로부터 돈을 모은 덕분에 절은 새로 지었고, 대불님의 머리도 고쳤습니다.
그러나 그는 1705년에 심각한 피로와 중병으로 죽고 말았습니다.
그 4년 뒤에 절은 완성되었습니다. 고케는 대불님의 새 머리도, 새 절도 볼 수 없었습니다. 이 얼마나 안타까운 일인가요?
그가 20년간이라는 오랜 세월 동안, 열심히 돈을 모으지 않았다면 지금의 도다이지도 대불의 머리도 없었을 테지요. 이렇게 큰일을 한 승려, '고케'를 아는 사람은 거의 없습니다.

| 30 | 어째서 대불의 머리가 없어졌습니까?
1 폭우와 세찬 바람 때문에 없어졌습니다.
2 한 번의 전쟁으로 없어졌습니다.
3 굉장히 낡고, 커서 태풍으로 없어졌습니다.
4 지진이나 전쟁 중의 화재로 불타버렸습니다.

| 31 | 어째서 고케는 전 일본을 돌아다녔습니까?
1 전 일본을 돌아다니며 공부하려고 생각했기 때문에.
2 전 일본의 사람들로부터 돈을 모아 절과 대불을 고치기 위해서입니다.
3 전 일본의 사람들로부터 돈을 모아 대불의 병을 고치기 위해서입니다.
4 전 일본을 돌아다니며 자신의 절을 짓기 위해서 돈을 모은 것입니다.

| 32 | 고케는 1709년에 새 도다이지를 왜 볼 수 없었습니까?
1 전 일본을 돌아다녀서 1705년에 지치고 병에 걸려 죽었기 때문입니다.
2 전 일본을 돌아다녀서 1705년에 중병에 걸려 병원에 입원했기 때문입니다.
3 전 일본을 돌아다니다가 도중에 중병에 걸려서 죽었기 때문입니다.
4 여전히 전 일본을 돌아다녀서 돈을 모으고 있었기 때문입니다.

| 33 | 고케는 어떤 승려였습니까?
1 비나 바람으로부터 도다이지와 대불을 지킨 강한 승려였습니다.
2 도다이지와 대불을 고치기 위해서 돈을 낸 부자 승려였습니다.
3 도다이지와 대불을 전 일본 사람들에게 알린 훌륭한 승려였습니다.
4 도다이지와 대불을 위해서 열심히 돈을 모은 착하고 훌륭한 승려였습니다.

문제6 다음 '비행기 시각표' 출항(A) 과 입항(B) 을 보고 질문에 답하시오. 정답은 1·2·3·4 중에서 가장 알맞은 것을 하나 고르시오.

32 2월 20일에 도쿄의 호텔에서 파티가 열립니다. 오후 5시 전에 호텔에 도착하고 싶습니다. 공항에서 호텔까지 1시간 걸립니다. 어느 비행기 편이 가장 좋습니까?
1 ＡＮＡ018이 가장 좋습니다.
2 ＡＮＡ028이 가장 좋습니다.
3 ＡＮＡ030이 가장 좋습니다.
4 ＡＮＡ034가 가장 좋습니다.

33 3월 5일에 도쿄에서 오사카로 돌아갈 예정입니다. 오후 4시까지 집에 도착하고 싶습니다. 공항에서 집까지 1시간 반 걸립니다. 어느 비행기 편이 가장 좋습니까?
1 ＡＮＡ017이 가장 좋습니다.
2 ＡＮＡ021이 가장 좋습니다.
3 ＡＮＡ025가 가장 좋습니다.
4 ＡＮＡ027이 가장 좋습니다.

A 시각표 (오사카 → 도쿄)

편명	출발 (오사카)	도착 (도쿄)	2월 18일 (목)	2월 19일 (금)	2월 20일 (토)	2월 21일 (일)	2월 22일 (월)
ANA014	07:15	08:20	△	5	8	△	○
ANA016	07:45	08:55	△	2	△	△	○
ANA018	09:00	10:10	×	×	×	2	○
ANA020	10:00	11:10	△	×	8	△	○
ANA022	11:00	12:10	△	×	4	△	○
ANA024	12:00	13:05	7	1	5	2	○
ANA026	13:00	14:10	△	1	△	×	○
ANA028	14:00	15:10	9	×	△	×	○
ANA030	15:00	16:10	9	×	6	×	○
ANA032	16:00	17:10	7	×	×	×	○
ANA034	17:00	18:10	△	×	△	×	○
ANA036	18:00	19:10	△	×	2	×	○
ANA038	19:00	20:10	△	×	△	1	×
ANA040	20:20	21:30	△	×	△	×	○

○ : 30석 이상 자리가 있습니다   △ : 10~29석 이상 자리가 있습니다   × : 자리가 없습니다
1~9 자리가 있습니다

B 시각표 (도쿄 → 오사카)

편명	출발 (도쿄)	도착 (오사카)	3월 2일 (화)	3월 3일 (수)	3월 4일 (목)	3월 5일 (금)	3월 6일 (토)
ANA013	07:00	08:10	9	8	8	△	×
ANA015	08:00	09:10	△	△	7	7	×
ANA017	09:00	10:05	×	△	8	×	×
ANA019	10:00	11:05	△	△	×	6	×
ANA021	11:00	12:05	△	8	7	6	×
ANA023	12:00	13:05	5	7	7	3	×
ANA025	13:00	14:05	7	7	△	2	×
ANA027	14:00	15:05	6	7	△	×	×
ANA031	15:00	16:05	6	3	4	×	2
ANA033	16:00	17:05	△	△	△	1	2
ANA035	17:00	18:10	5	△	△	×	4
ANA037	18:00	19:10	△	△	△	×	2
ANA039	19:00	20:15	△	8	4	×	5
ANA041	19:20	20:35	5	8	2	×	5

모의테스트2 청해 스크립트 및 번역

問題1 🎧 4-35

1ばん 🎧 4-36

男の人と女の人が話しています。女の人は今夜、何時から「アニメトトロ」を見ますか。

F：今夜、「アニメトトロ」があるから、早く帰ってテレビ見なくちゃ。
M：ああ、ぼくも毎週見てるけど、今週は同じ時間にやらないと思うよ。
F：え！どうして。いつもは、7時40分からよね。
M：たしか、オリンピックのニュースが入るから、50分は遅れるって。
F：えぇー。そうなの。じゃ、8時までにうちに帰って、30分後に始まるわね。
M：そうだね。じゃ、これから一緒に晩ごはんを食べない？
F：そうね。時間があるから、そうしましょう。

女の人は今夜、何時から「アニメトトロ」を見ますか。

남자와 여자가 이야기하고 있습니다. 여자는 오늘 밤, 몇 시부터 '애니메이션 토토로'를 봅니까?

F : 오늘 밤 '애니메이션 토토로'가 하니까 빨리 집에 가서 텔레비전을 봐야 해.
M : 아, 나도 매주 보는데, 이번 주는 같은 시간에 하지 않을 거라고 생각해.
F : 뭐? 어째서? 평소에는 7시 40분부터였지?
M : 아마 올림픽 뉴스해서 50분은 늦는대.
F : 뭐야. 그랬구나. 그럼 8시까지 집에 가서 30분 뒤에 시작하겠네.
M : 그렇지. 그럼 지금부터 같이 저녁을 먹지 않을래?
F : 그래. 시간이 있으니까 그렇게 하자.

여자는 오늘 밤, 몇 시부터 '애니메이션 토토로'를 봅니까?

2ばん 🎧 4-37

男の人が女の人に電話をしています。男の人は何を買って行きますか。

M：いま、パソコンの店にいるけど何かたりないものある？
F：そうね〜。あるある。カラーインクがそろそろなくなるわね。
M：ええ！もうないの。
F：うん。はやいわね。そうだ、ブラックインクも買わなくちゃ。
M：ブラックもかい。わかった。カラーインクとブラック一つずつだね。
F：ちょっとまって。2個パックのほうが安いから、そっちにして。
それから、コピーの紙も1パックね。500枚入っているわ。
M：コピー用紙は重いからまたこんど買うよ。インクだけにする。

男の人は何を買って行きますか。

1　カラーインクとブラックインクを1個ずつ
2　カラーインク2個パックとコピーの紙1パック
3　ブラックインク2個パック
4　カラーインクとブラックインク2個パックを一つずつ

남자가 여자에게 전화를 하고 있습니다. 남자는 무엇을 사 갑니까?

M : 지금, 컴퓨터 매장에 있는데 뭐 필요한 거 있어?
F : 맞다! 있어, 있어. 컬러잉크가 슬슬 떨어질 거야.
M : 뭐? 벌써 없어?
F : 응. 빠르지? 맞다. 검정잉크도 사야 해.
M : 검정잉크도 없어? 알았어. 컬러잉크랑 검정잉크 하나씩이지?
F : 잠깐만 기다려. 2개들이 묶음이 더 싸니까 그걸로 사. 그리고 복사 용지도 1묶음. 500장이 들었어.
M : 복사 용지는 무거우니까 다음에 살게. 잉크만 살게.

남자는 무엇을 사 갑니까?

1 컬러잉크와 검정잉크를 1개씩
2 컬러잉크 2개들이 묶음과 복사용지 1묶음
3 검정잉크 2개들이 묶음
4 컬러잉크와 검정잉크 2개들이 묶음을 하나씩

3ばん　　4-38

女の人は新しい会社の試験を受けています。つぎは、いつ行きますか。

M : さっそくですが、いままで、ほかの会社で服のデザインをしたことがありますか。
F : いいえ、ありませんが、2年間洋服のデザインを勉強していました。
M : そうでしたか。では、つぎのときにここで、服のデザインをしてもらいます。来週は、いつこられそうですか。
F : はい、そうですね。水曜日と金曜日以外はいつでもだいじょうぶです。
M : こちらは、木曜日と土曜日と日曜日はお休みですから。
F : そうですか。
M : 明日中にいつこちらにこられるか、お電話ください。
F : はい、そうさせていただきます。

女の人は、つぎは、いつ行きますか。

1　月曜日か火曜日
2　水曜日か金曜日
3　木曜日か土曜日
4　月曜日か日曜日

여자는 입사시험을 보고 있습니다. 다음은 언제 갑니까?

M : 본론부터 묻겠습니다만, 지금까지 다른 회사에서 의복 디자인을 한 적이 있습니까?
F : 아니요, 없습니다만 2년간 양복 디자인을 공부했습니다.
M : 그렇습니까. 그렇다면 다음에 올 때 여기서 의복 디자인을 시켜보겠습니다. 다음 주는 언제 올 수 있습니까?
F : 네, 글쎄요. 수요일과 금요일 외에는 언제든지 괜찮습니다.
M : 저희는 목요일과 토요일과 일요일은 휴무라서요.
F : 그렇습니까?

M : 내일 중으로 언제 올 수 있는지 전화 주세요.
F : 네, 그렇게 하겠습니다.

여자는, 다음은 언제 갑니까?

1　월요일이나 화요일
2　수요일이나 금요일
3　목요일이나 토요일
4　월요일이나 일요일

4ばん ──── 4-39

ホテルの人が、お客さんにご案内をしています。お客さんは何をフロントに知らせますか。

H : ようこそいらっしゃいました。
　　チェックインは午後3時で、チェックアウトは午前10時です。
　　あさって、チェックアウトのお時間がおそくなるかどうか、フロントにお知らせください。それから、新聞を朝7時から9時の間にお部屋にお持ちいたしております。
　　明日、ウエルカムパーティがございます。出席されるかどうか、午後6時までにフロントにお知らせください。
　　では、お部屋にご案内いたします。
　　何かご質問はございますでしょうか。

お客さんは何をフロントに知らせますか。

| ア　チェックインの時間 |
| イ　チェックアウトの時間 |
| ウ　ウエルカムパーティの出席 |
| エ　朝の新聞の時間 |

호텔 직원이 손님에게 안내를 하고 있습니다. 손님은 무엇을 프런트에 알립니까?

H : 저희 호텔에 오신 것을 환영합니다.
　　체크인은 오후 3시이고, 체크아웃은 오전 10시입니다.
　　모레, 체크아웃 시간이 늦어질지 아닐지 프런트에 알려주시기 바랍니다. 그리고 신문을 아침 7시부터 9시 사이에 방에 가져다 드립니다.
　　내일 환영 파티가 열립니다. 참석 의사를 오후 6시까지 프런트에 알려주세요.
　　그럼 방으로 안내해 드리겠습니다.
　　무슨 질문 있으십니까?

손님은 무엇을 프런트에 알립니까?

| ア　체크인 시간 |
| イ　체크아웃 시간 |
| ウ　환영 파티 참석 |
| エ　아침 신문 시간 |

5ばん ──── 4-40

男の人と女の人が話しています。男の人はこの家を借りるとき、いくら払いますか。

M : 古い日本の家に住みたいんだけど、いいところない？
F : そうね。いくらぐらいならいいの？
M : そうだな。一ヶ月5万円ぐらいで、庭があって、静かで、便利なところ。
F : ある、ある。とても古いけど、庭もあるし、静かだし、新宿に近くて、便利よ。
M : とても古い…。どのくらい古いの？
F : えーと、80年前に建てられたのよ。一ヶ月5万円よ。でも、はじめに6ヶ月分払うのよ。

M：6ヶ月分払う…。それに、80年前の建物か…。いいよ。それに決めた。

男の人はこの家を借りるとき、いくら払いますか。

1　5万円
2　30万円
3　80万円
4　6万円

남자와 여자가 이야기하고 있습니다. 남자는 이 집을 빌릴 때 얼마를 냅니까?

M : 오래된 일본 집에 살고 싶은데 좋은 데 없을까?
F : 글쎄. 얼마 정도면 괜찮아?
M : 글쎄. 한 달에 5만 엔 정도로, 정원이 있고, 조용하고, 편리한 곳.
F : 있어, 있어. 무척 오래되었지만 정원도 있고, 조용하고, 신주쿠하고 가까워서 편리해.
M : 무척 오래되었고……. 어느 정도로 오래 됐어?
F : 음, 그러니까 80년 전에 지어졌어. 한 달에 5만 엔이야. 하지만 처음에 여섯 달치를 내야 해.
M : 여섯 달치를 내고……. 거기다 80년 전 건물인가……. 알았어. 그 집으로 할래.

남자는 이 집을 빌릴 때 얼마를 냅니까?

1　5만 엔
2　30만 엔
3　80만 엔
4　6만 엔

6ばん ──────── 4-41

男の人とけいさつの人が話しています。男の人は自分の自転車をどうしますか。

M：すみません、自転車をぬすまれたみたいなんですが。
P：いつ、どこでですか。
M：いつも駅前に止めておくんですが。
P：そこは、駐輪禁止の所じゃないですか。自転車を止めてはいけないんですよ。
M：え！でも、もう2年間も同じところに止めていたんですけど。
P：最近は、きびしくなったんですよ。
M：え！そうなんですか。あ！あそこにぼくの自転車がある！持って行ってもいいですね。
P：いいえ、この用紙にサインして三千円払えば、持って行ってもかまいません。
M：そんな～。でもしかたがないですね。払いますよ。

男の人は自分の自転車をどうしますか。

1　そのまま持って行きます
2　3000円払って、持って行きます
3　3000円で売ります
4　持って行きません

남자와 경찰이 이야기하고 있습니다. 남자는 자기 자전거를 어떻게 합니까?

M : 실례합니다. 자전거를 도둑맞은 것 같은데요.
P : 언제, 어디서 도둑맞았습니까?
M : 항상 역 앞에 세워둡니다만.
P : 그곳은 자전거 주차 금지 장소잖습니까. 자전거를 세우면 안 됩니다.
M : 뭐라고요? 하지만 이미 2년 동안이나 같은 곳에 세웠는데요.
P : 요즘은 엄격해졌습니다.
M : 네? 그래요? 아! 저기 제 자전거가 있어요! 가져가도 괜찮죠?

P : 아니요, 이 용지에 사인하고, 3천 엔을 내시면 가져가도 상관없습니다
M : 말도 안 돼요. 그래도 할 수 없죠. 낼게요.

남자는 자기 자전거를 어떻게 합니까?

1　그대로 가져갑니다
2　3천 엔을 내고 가져갑니다
3　3천 엔에 팝니다
4　가져갈 수 없습니다

7ばん ━━━━━━━━━━ 4-42

リーさん(L)と山田さん(Y)が話しています。リーさんはどんな服を着ていったらいいですか。

L : 山田さん、私、日本の友達の結婚式に招待されたんですけど、どんな服を着ていったらいいんでしょうか。
Y : そうですね。なんでもいいと思いますが。ただジーンズや、Ｔ－シャツなどはやめたほうがいいですね。すこしフォーマルなワンピースとかスーツなどがいいんじゃないですか。かみにお花をつけるとか、胸にコサージュをつけるとかちょっとおしゃれすると楽しいですよ。
L : ドレスはどうですか。
Y : そうですね。大丈夫だと思いますが、花嫁さんよりきれいになってはいけませんよ。リーさんは、お国の服を着たらどうですか。めずらしいから、みんなよろこびますよ。

リーさんはどんな服を着ていったらいいですか。

1　毎日着ている服
2　ジーンズやＴ－シャツ
3　花嫁さんよりきれいなドレス
4　ワンピースやスーツやお国の服

리 씨(L)와 야마다 씨(Y)가 이야기하고 있습니다. 리 씨는 어떤 옷을 입고 가면 좋습니까?

L : 야마다 씨, 저, 일본 친구의 결혼식에 초대 받았는데요, 어떤 옷을 입고 가면 좋을까요?
Y : 글쎄요. 아무 옷이나 괜찮다고 생각합니다만. 단지 청바지나 Ｔ셔츠 같은 옷은 입지 않는 편이 좋겠지요. 약간 격식 있는 원피스나 정장 등이 좋지 않을까요? 머리에 꽃을 장식하거나 가슴에 코르사주를 달아서 약간 멋을 부려도 재미있을 거예요
L : 드레스는 어떤가요?
Y : 글쎄요. 괜찮다고 생각하지만 신부보다 예쁘면 안 돼요. 리 씨는 고국의 전통 의상을 입으면 어떨까요? 특이하니까 모두 좋아할 거예요.

리 씨는 어떤 옷을 입고 가면 좋습니까?

1　매일 입는 옷
2　청바지나 Ｔ셔츠
3　신부보다 예쁜 드레스
4　원피스나 전통 의상

8ばん ━━━━━━━━━━ 4-43

女の人と男の人が話しています。女の人は、本の代金をどうやって払いますか。

F : ねぇー。インターネットで本を買いたいんだけど、教えて。
M : 今、アクソンのホームページを開いているからね。ここから買えるよ。

F：あっ。この本がほしいのよ。あら、安い本もあるのね。

M：ああ。だれかがもう読んだからアクソンのＨＰで売っているんだよ。

F：へー。新しくなくても、中に書いてあることは同じでしょ。古くても、安いほうを買うわ。支払い方法はどうするの。

M：新しい本はカードでも、コンビニでも、郵便局でも大丈夫だけど。古い本は、クレジットカードでしか払えないんだよ。

F：うん、わかった。じゃ、ここをクリックすればいいわね。

女の人は、本の代金をどうやって払いますか。

여자와 남자가 이야기하고 있습니다. 여자는 책값을 어떻게 냅니까?

F : 있잖아. 인터넷으로 책을 사고 싶은데 어떻게 하는지 알려줘.

M : 지금, 액슨 홈페이지를 열고 있어. 여기서 살 수 있어.

F : 앗. 이 책이 사고 싶어. 어머, 싼 책도 있네.

M : 응. 누가 이미 읽었으니 액슨 HP에서 파는 거야.

F : 흠. 새 책이 아니라도 안에 적힌 내용은 똑같잖아. 낡았어도 싼 쪽을 살래. 지불 방법은 어떻게 해?

M : 새 책은 신용카드나 편의점, 우체국도 되는데. 중고 책은 신용카드밖에 쓸 수 없어.

F : 응, 알았어. 그럼 여기를 클릭하면 되지?

여자는 책값을 어떻게 냅니까?

問題2　4-44

1ばん　4-45

男の人と女の人が話しています。男の人は、どうして卵サンドイッチを作らなかったのですか。

M：おなかがすいたね。なにか食べようか。

F：そうね。なにかつくってくれるの。

M：いいよ。じゃ、卵サンドイッチをつくろうか。

F：いいわね。うれしい！でも、卵があるかしら。冷蔵庫の中、見てみて。

M：あれ…。一つしかないよ。一つじゃ足りないな。

F：そうね。一つじゃ、一人分しかできないわね。

M：じゃ、しかたないからバタートーストにしよう。

男の人は、どうして卵サンドイッチを作らなかったのですか。

1　卵が全然なかったから
2　卵が一つ、古かったから
3　卵が二人分なかったから
4　バタートーストのほうが簡単だから

여자와 남자가 이야기하고 있습니다.
남자는 왜 계란 샌드위치를 만들지 않았습니까?

M : 배고파. 뭔가 먹을까?

F : 그러네. 뭐 만들어 줄래?

M : 좋아. 그럼 계란 샌드위치를 만들까?

F : 좋은데! 기뻐! 그런데 계란이 있을까? 냉장고 안, 봐 봐.

M : 어라……. 한 개밖에 없어. 하나로는 부족해.

F : 그렇지. 한 개면, 한 사람 몫밖에 못 만들어.
M : 그럼 할 수 없으니까 버터 토스트로 하자.

남자는 왜 계란 샌드위치를 만들지 않았습니까?

1 계란이 하나도 없어서
2 계란이 한 개, 오래 되어서
3 계란이 두 사람 몫이 없어서
4 버터 토스트가 더 쉬워서

2ばん　　　　　　　　　　　　4-46

男の人と女の人が話しています。どうして、メールがとどかなかったのですか。

M : きのう、パーティに行けなくて、ごめんね。
F : どうして、こないのかな？って心配していたのよ。
M : 携帯メールうったけど、見てくれなかったの。
F : いいえ、とどいてないけど。私もメールうったけど。
M : ほんとう！とどいてないよ。
F : どうしたのかな。あら、電池がなくなってる。
M : あ、ぼくのも電池がなくなってるよ。
F : 私達、メールをうった後、電池がなくなってたのね。だから、メールが届かなかったんだわ。

どうして、メールがとどかなかったのですか。

1 女の人の電池がなかったから
2 男の人の電池がなかったから
3 二人とも電池がなかったから
4 二人とも電池をきっていたから

남자와 여자가 이야기하고 있습니다. 왜 문자가 오지 않았습니까?

M : 어제 파티에 못 가서 미안해.
F : 왜 안 오지? 하고 걱정했어.
M : 휴대 전화로 문자 보냈는데 못 봤어?
F : 아니, 오지 않았어. 나도 문자 보냈는데.
M : 정말? 안 왔어.
F : 왜 그랬지? 어머, 배터리가 떨어졌어.
M : 아, 내 것도 배터리가 떨어졌어.
F : 우리, 문자를 보낸 뒤 배터리가 떨어진 거야. 그래서 문자가 오지 않았어.

왜 문자가 오지 않았습니까?

1 여자의 배터리가 없어서
2 남자의 배터리가 없어서
3 둘 다 배터리가 없어서
4 둘 다 전화기를 꺼 놓아서

3ばん　　　　　　　　　　　　4-47

キムさんと林さんの会社の女の人が話しています。キムさんは、どうして、林さんと連絡をとりたいのですか。

K : もしもし、キムともうしますが、林さんいらっしゃいますか。
F : もうしわけございません。林は北海道に出張しております。
K : じつは、林さんと、今夜7時に北海道のホテルでお会いする約束をしているんですが。私は、まだ東京にいるんです。事故で、飛行機が飛ばないのです。
F : それは大変ですね。林の携帯電話の番号をご存知でしょうか。

K：いいえ、聞いてないんです。教えていただけますか。

F：はい、少々お待ちください。

キムさんは、どうして、林さんと連絡をとりたいのですか。

1　約束の時間に会えないかもしれないから
2　北海道のホテルの場所がわからないから
3　林さんと東京で会いたいから
4　携帯電話をなくしたから

김 씨와 하야시 씨 회사의 여자가 이야기하고 있습니다. 김 씨는 왜 하야시 씨와 연락을 하고 싶은 것입니까?

K : 여보세요. 김이라고 합니다만 하야시 씨 계신가요?
F : 죄송합니다. 하야시 씨는 홋카이도에 출장을 갔습니다.
K : 사실은 하야시 씨와 오늘 밤 7시에 홋카이도의 호텔에서 만날 약속을 했습니다만 저는 아직 도쿄에 있습니다. 사고로 비행기가 뜨지 않습니다.
F : 그것 참 큰일이군요. 하야시 씨의 휴대 전화번호를 알고 계십니까?
K : 아니요, 듣지 못했습니다. 알려 주시겠습니까?
F : 네, 잠시만 기다려 주세요.

김 씨는 왜 하야시 씨와 연락을 하고 싶은 것입니까?

1　약속 시간에 만날 수 없을지도 몰라서
2　홋카이도의 호텔 장소를 몰라서
3　하야시 씨와 도쿄에서 만나고 싶어서
4　휴대 전화를 잃어버려서

4ばん　　　　　　　　　　4-48

女の人、二人が話しています。山田さんは、どうして田中さんと結婚したのですか。
(山田さん：Y、大山さん：O)

O：山田さん、田中さんと結婚したんですってね。

Y：ええ、先月ね。結婚するつもりはなかったんだけどね。

O：じゃ、どうして結婚したの？独身のほうがいいって言っていたでしょ。

Y：そうだったんだけどね。じつは、彼が私に言ったのよ。

O：なんて言ったの？プロポーズ？

Y：うん。そうかな。彼が「ぼくは、山田さんと結婚したいけど、もし君がぼくと結婚したくないと言ったら、ぼくは大山さんと結婚するよ。」って。

O：えっ！大山って？？それ私のことじゃない。

山田さんは、どうして田中さんと結婚したのですか。

1　彼が「大山さんと結婚したい」と言ったから
2　彼が「君がいやなら、ぼくは大山さんと結婚する」と言ったから
3　彼が「君はぼくと結婚したほうがいい」と言ったから
4　彼が「君がいやでも、ぼくはきみと結婚したい」と言ったから

여자 2명이 이야기하고 있습니다. 야마다 씨는 왜 다나카 씨와 결혼했습니까?
(야마다 씨 : Y, 오야마 씨 : O)

O : 야마다 씨, 다나카 씨랑 결혼하셨다면서요?
Y : 네, 지난달에요. 결혼할 생각은 없었지만요.
O : 그럼 왜 결혼했어요? 독신이 더 좋다고 말했잖아요?
Y : 그랬었죠. 사실 그가 제게 말했어요.
O : 뭐라고 했어요? 프로포즈?
Y : 음. 그런 걸까요? 그가 "난 야마다 씨와 결혼하고 싶지만 만약 당신이 나하고 결혼하고 싶지 않다고 한다면, 난 오야마 씨와 결혼할래요."라고.
O : 뭐라고요? 오야마라니? 그건 저잖아요.

야마다 씨는 왜 다나카 씨와 결혼했습니까?

1 그가 "오야마 씨와 결혼하고 싶다."라고 해서
2 그가 "당신이 싫다면 난 오야마 씨와 결혼한다."라고 해서
3 그가 "당신은 나와 결혼하는 편이 좋다."라고 해서
4 그가 "당신이 싫어해도 난 당신과 결혼하고 싶다."라고 해서

5ばん 4-49

男の人、二人が話しています。KとSは、どちらが勝ちましたか。

M1：きのう、ボクシング見た？
M2：うん、みたよ。すごい試合だったね。
M1：うん、KもSも強かったよね。
M2：さいごまで、どちらが勝つのかわからなかったよね。でも、SがKに負けると思わなかったよ。
M1：そうだね。12ラウンドたたかって、2-1だったね。
M2：Sもがんばったのにね。Kの練習はすごかったらしいよ。もう、兄弟で世界チャンピオンだね。
M1：そうだね。もう一人の弟も世界チャンピオンになるのかな。

KとSは、どちらが勝ちましたか。

1 KはSに勝ちませんでした
2 Kが勝ちました
3 Sが勝ちました
4 SとKは二人とも勝ちました

남자 2명이 이야기하고 있습니다. K와 S 중, 누가 이겼습니까?

M1 : 어제 권투 봤어?
M2 : 응, 봤어. 굉장한 시합이었지.
M1 : 응, K도 S도 강했지.
M2 : 끝까지 누가 이길지 알 수 없었지. 그래도 S가 K에게 지리라고는 생각하지 못했어.
M1 : 그렇지. 12라운드 싸워서 2-1이었지.
M2 : S도 열심히 했는데 말이야. K의 연습은 굉장했다더라고. 이제 형제끼리 세계 챔피언이네.
M1 : 그렇군. 다른 동생 한 명도 세계 챔피언이 되려나?

K와 S는 누가 이겼습니까?

1 K는 S에게 이기지 못했습니다
2 K가 이겼습니다
3 S가 이겼습니다
4 S와 K는 둘 다 이겼습니다

6ばん 4-50

男の人と女の人が話しています。メダリストはどうして歯を折ったのですか。

F：オリンピックも、もう終わったわね。
M：そうね。日本は銀メダルが２つと銅メダルが３つだったね。
F：ああ、そうそう。ヨーロッパの銀メダルをとった選手が、歯を折ったんですって。
M：え！足じゃなくて、歯を…なんで…？
F：写真を撮られる時、ポーズをとるでしょ。その時、銀メダルを噛んだんですって。
M：メダルを取った選手は、よくそういうポーズをするよね。その時、折ったのかな？
F：そうらしいわ。すぐ、歯医者さんにいって、大したことなかったらしいけど。
M：ふ〜ん。よっぽど強く噛んだんだね。

メダリストはどうして歯を折ったのですか。

1　銀メダルを強く噛んだから
2　銀メダルを割ったから
3　銀メダルを折ったから
4　銅メダルを強く噛んだから

남자와 여자가 이야기하고 있습니다. 메달리스트는 왜 이가 부러졌습니까?

F：올림픽도 이제 끝났네.
M：그렇군. 일본은 은메달 2개와 동메달 3개였지.
F：아, 맞다, 맞다. 유럽에서 은메달을 딴 선수가 이가 부러졌대.
M：뭐? 다리가 아니라 이를……왜……?
F：사진을 찍을 때 포즈를 취하잖아. 그때, 은메달을 깨물었대.
M：메달을 딴 선수는 그런 포즈를 자주 하지. 그때 부러진 거야?
F：그런가 봐. 바로 치과에 가서 그다지 큰일은 없었나 보지만.
M：흠. 어지간히 세게 깨물었나 봐.

메달리스트는 왜 이가 부러졌습니까?

1　은메달을 세게 깨물어서
2　은메달을 깨트려서
3　은메달을 구부려서
4　동메달을 세게 깨물어서

7ばん　　　　　　　　　　4-51

男の人と女の人が話しています。男の人の心配は何ですか。

M：来年日本に留学する予定なんですよ。
F：そうなんですか。楽しみですね。
M：ええ、でもいろいろ心配なことが多いんです。
F：たとえば…どんなことですか。
M：まず、アパートをさがして、日本語の勉強をしながら、アルバイトをみつけなければなりません。それに、日本の習慣にもなれなければいけないし、とても心配なんです。
F：そんなに心配しなくても大丈夫ですよ。いろいろな人が手伝ってくれますよ。日本人は親切な人が多いですから。
M：そうそう。ガールフレンドをさがすのは楽しみですけど…。

男の人の心配は何ですか。

1　日本の大学に入学することです
2　日本人は親切ではない人が多いことです
3　ガールフレンドをさがすことです
4　日本での生活や習慣です

남자와 여자가 이야기하고 있습니다. 남자의 걱정은 무엇입니까?

M : 내년 일본에 유학할 예정입니다.
F : 그렇습니까? 기대되겠군요.
M : 네, 그런데 여러 가지 걱정이 많습니다
F : 예를 들어…… 어떤 것입니까?
M : 먼저 아파트를 구하고, 일본어 공부를 하면서 아르바이트를 찾아야 합니다. 게다가 일본 풍습에도 익숙해져야 하고, 굉장히 걱정입니다.
F : 그런 걱정하지 않아도 괜찮아요. 여러 사람이 도와줄 거예요. 일본인은 친절한 사람이 많으니까요.
M : 맞다, 맞다. 여자친구를 찾는 것은 기대됩니다만…….

남자의 걱정은 무엇입니까?

1 일본의 대학에 입학하는 것입니다
2 일본인은 친절하지 않은 사람이 많은 것입니다.
3 여자친구를 찾는 것입니다.
4 일본에서의 생활이나 풍습입니다.

問題3 4-52

1ばん 4-53

結婚した人に何と言いますか。

1 大変ですね。
2 お大事に。
3 おめでとうございます。

결혼한 사람에게 뭐라고 이야기합니까?

1 큰일이군요.
2 몸조심하세요.
3 축하합니다.

2ばん 4-54

映画が始まっているかどうか知りたいです。何と言いますか

1 映画はまだ始まっていますか。
2 映画はもう始まっていますか。
3 映画はもう始まりませんか。

영화가 시작했는지 하지 않았는지 알고 싶습니다. 뭐라고 이야기합니까?

1 영화는 아직 시작했습니까?
2 영화는 벌써 시작했습니까?
3 영화는 벌써 시작하지 않습니까?

3ばん 4-55

昨日買った靴があいません。お店の人に何と言いますか。

1 昨日買った靴が小さすぎるので、とどけてもらえますか。
2 昨日買った靴が小さくて、足が痛いです。とりかえてもらえますか。
3 昨日買った靴が小さいから、送ってもらえますか。

어제 산 신발이 맞지 않습니다. 가게 직원에게 뭐라고 이야기합니까?

1 어제 산 신발이 너무 작으니 가져다 주시겠습니까?
2 어제 산 신발이 작아서 발이 아픕니다. 교환할 수 있습니까?
3 어제 산 신발이 작으니 보내주시겠습니까?

4ばん 4-56

今、夜です。空気のきれいな山の上にいます。何と言いますか。

1 星がきれいに見えますね。
2 星はきれいに見ませんか。
3 星をきれいに見せましょうか。

지금은 밤입니다. 공기가 맑은 산 위에 있습니다. 뭐라고 이야기합니까?

1 별이 아름답게 보이는군요.
2 별은 아름답게 보이지 않습니까?
3 별을 아름답게 보여줄까요?

5ばん 4-57

家にどろぼうが入ったようです。交番に知らせます。何と言いますか。

1 お金だけでなく、クレジットカードもかぎも盗まれてしまいました。
2 お金だけでなく、クレジットカードもかぎも盗まれそうです。
3 お金だけでなく、クレジットカードもかぎも盗まれたころです。

집에 도둑이 든 것 같습니다. 파출소에 알립니다. 뭐라고 이야기합니까?

1 돈만이 아니라 신용카드도 열쇠도 도둑맞아 버렸습니다.
2 돈만이 아니라 신용카드도 열쇠도 도둑맞을 것 같습니다.
3 돈만이 아니라 신용카드도 열쇠도 도둑맞은 무렵입니다.

問題4 4-58

1ばん 4-59

F：北海道に行ったことがありますか。

1 はい、来月行くつもりです。
2 はい、先月はじめて行きました。
3 いいえ、行かないでしょう。

F : 홋카이도에 간 적이 있습니까?

1 네, 다음 달에 갈 예정입니다.
2 네, 지난달에 처음으로 갔습니다.
3 아니요, 가지 않겠지요.

2ばん 4-60

F：赤い帽子をかぶっている人は、リーさんですか。

1 いいえ、リーさんは、青い帽子を着ている人です。
2 はい、リーさんは、赤い帽子をつけている人です。
3 いいえ、リーさんは、青い帽子をかぶっている人です。

F : 빨간 모자를 쓴 사람은 리 씨입니까?

1 아니요, 리 씨는 파란 모자를 입은 사람입니다.
2 네, 리 씨는 빨간 모자를 달고 있는 사람입니다.
3 아니요, 리 씨는 파란 모자를 쓴 사람입니다.

3ばん 4-61

M：宿題は、もう終わりましたか。

1 いいえ、しません。
2 ええ、おわりません。
3 今、しているところです。

M : 숙제는 벌써 끝났습니까?

1 아니요, 하지 않습니다.
2 네, 끝나지 않습니다.
3 지금, 하고 있는 중입니다.

4ばん ― 4-62

F : 週末、お宅にいらっしゃいますか。

1 はい、いらっしゃいました。
2 はい、おります。
3 はい、まいります。

F : 주말, 집에 계시나요?

1 네, 계셨습니다.
2 네, 있습니다.
3 네, 왔습니다.

5ばん ― 4-63

M : 近くに郵便局は、ありますか。

1 ええ、この道は混むので、郵便局があるはずです。
2 ええ、この角を曲がると、郵便局がなければなりません。
3 ええ、この道をまっすぐ行って右に曲がると郵便局があります。

M : 근처에 우체국은 있습니까?

1 네, 이 길은 붐비니까 우체국이 있을 것입니다.
2 네, 이 모퉁이를 돌면, 우체국이 있어야 합니다.
3 네, 이 길을 똑바로 가서 오른쪽으로 돌면 우체국이 있습니다.

6ばん ― 4-64

M : いくら寝ても、眠いんです。

1 そう、きっととても疲れているのね。
2 そう、ずっと起きていたらいいのに。
3 そう、いいベッドを買ってもらったらいいのに。

M : 아무리 자도 졸립니다.

1 맞아, 분명히 무척 피곤한 모양이야.
2 맞아, 계속 깨어 있으면 좋을 텐데.
3 맞아, 좋은 침대를 사 주면 좋을 텐데.

7ばん ― 4-65

M : 携帯電話で、テレビが見られるのかい?

1 ええ、見られるはずよ。
2 ええ、見られないわよ。
3 えーと。見ましょうよ。

M : 휴대 전화로 텔레비전을 볼 수 있니?

1 네, 볼 수 있을 거예요.
2 네, 볼 수 없어요.
3 음, 그러니까. 봅시다.

8ばん ― 4-66

M : 冷蔵庫に入れておいたケーキを食べられちゃったよ。

1 えっ!いくつ食べたの。
2 えっ!だれに食べられたの。
3 えっ!おいしかった。

M : 냉장고에 있던 케이크를 누가 먹어버렸어.

1 뭐! 몇 개 먹었어?
2 뭐! 누가 먹었어?
3 뭐! 맛있었어!

동양북스 분야별 추천 교재

문법
일본어뱅크 New 스타일 일본어 문법

뱅크 일본어 문법

관광·비즈니스
일본어뱅크 New 스타일 관광일본어 1·2

일본어뱅크 New 스타일 비즈니스 일본어 1·2

한자
일본어뱅크 New 스타일 일본어 한자 1·2

일본어 상용한자 2136 이거하나면 끝!

작문
일본어뱅크 일본어 작문 초급

일본문화
일본어뱅크 사진과 함께하는 일본 문화

청해
일본어뱅크 New스타일 일본어청해

독해
일본어뱅크 New스타일 일본어 독해 1·2

주니어
다이스키 주니어 일본어 上·下

e-필드 일본어 기초·초급·중급·고급회화

新버전업 일본어 한자 암기박사

프리토킹
버전업! 동양북스 일본어 프리토킹 입문

일본어뱅크 독해 1·2·3

주니어 일본어 붐붐

항공
일본어뱅크 항공서비스 일본어

일본어 한자 터잡기 입문편 / 초중급편

펜맨십
일본어뱅크 펜맨십

일본어 독해가 즐거워지는 일본전래동화 / 세계명작동화 / 한국전래동화 / 이솝우화

동양북스 단계별 추천 교재

	도모다찌 일본어	감바레 일본어	New 스타일 일본어	다이스키 일본어
입문 과정	 일본어뱅크 도모다찌 STEP 1	 일본어뱅크 감바레 일본어 STEP 1	 일본어뱅크 New 스타일 일본어 1	 일본어뱅크 다이스키 STEP 1·2  일본어뱅크 다이스키 上
초급 과정	 일본어뱅크 도모다찌 STEP 2 일본어뱅크 도모다찌 上	 일본어뱅크 감바레 일본어 STEP 2	 일본어뱅크 New 스타일 일본어 2	 일본어뱅크 다이스키 STEP 3·4  일본어뱅크 다이스키 下
초·중급 과정	 일본어뱅크 도모다찌 STEP 3 일본어뱅크 도모다찌 下	 일본어뱅크 감바레 일본어 STEP 3	 일본어뱅크 New 스타일 일본어회화 1·2·3	 일본어뱅크 다이스키 STEP 5·6
중·고급 과정			 일본어뱅크 New 스타일 비즈니스 일본어 1·2	 일본어뱅크 다이스키 STEP 7·8

오픈 일본어	New 뱅크 일본어	아나타노 일본어	New Point 일본어	착착 일본어
				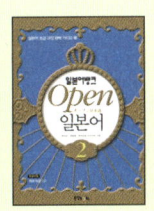
일본어뱅크 Open 일본어 1	New 뱅크 일본어 STEP 1	아나타노 일본어 1	일본어뱅크 New Point 일본어 1 (개정판)	일본어뱅크 착착 일본어 STEP 1

일본어뱅크 Open 일본어 2	New 뱅크 일본어 STEP 2	아나타노 일본어 2	일본어뱅크 New Point 일본어 2 (근간)	일본어뱅크 착착 일본어 STEP 2

중급 회화

일본어뱅크 Open 일본어 회화 1	New 뱅크 일본어 STEP 3 · 4	일본어 회화 중상급 뛰어넘기	뉴 일본어뱅크 프리토킹 BASIC

일본어뱅크 Open 일본어 회화 2	New 뱅크 일본어 중급 1 · 2		뉴 일본어뱅크 프리토킹 STYLE 1 · 2

동양북스 추천 수험서

JLPT 분야별

문자·어휘

新일본어능력시험 파트별
실전적중 문제집
문자·어휘 N1

新일본어능력시험 파트별
실전적중 문제집
문자·어휘 N2

문법

新일본어능력시험 파트별
실전적중 문제집 문법 N1 / N2

新일본어능력시험
이거 하나면 끝! 문법 N1 / N2

독해

新일본어능력시험 파트별
실전적중 문제집 독해 N1

新일본어능력시험 파트별
실전적중 문제집 독해 N2

청해

新일본어능력시험 파트별
실전적중 문제집 청해 N1

新일본어능력시험 파트별
실전적중 문제집 청해 N2

JPT

분야별

일취월장 JPT 독해
일취월장 JPT 청해

점수대별 실전 모의고사

일취월장 JPT 실전 모의고사
500점 공략 (5회분)

일취월장 JPT 실전 모의고사
700점 공략 (5회분)

실전모의고사

만점 킬러 JPT
실전모의고사 (5회분)